D. W. (David W.) Bartlett, Reuben Vose

Leben, Wirken und Reden des republikanischen

Präsidentschafts-Kandidaten Abraham Lincoln

D. W. (David W.) Bartlett, Reuben Vose

Leben, Wirken und Reden des republikanischen Präsidentschafts-Kandidaten Abraham Lincoln

ISBN/EAN: 9783743324114

Hergestellt in Europa, USA, Kanada, Australien, Japan

Cover: Foto ©ninafisch / pixelio.de

D. W. (David W.) Bartlett, Reuben Vose

Leben, Wirken und Reden des republikanischen

Präsidentschafts-Kandidaten Abraham Lincoln

Leben, Wirken und Reden

des

Republikanischen

Präsidentschafts-Candidaten

Abraham Lincoln.

————

Nach den besten amerikanischen Quellen: D. W. Bartlett,
Reuben Vose u. A. deutsch bearbeitet.

————

New-York, 1860.
Bei Friedrich Gerhard.

Erster Abschnitt.

Allgemeine Skizze der Lebensgeschichte.

Die Heimath Abraham Lincoln's ist Hardin County, Kentucky, wo er am 12. Febr. 1809 geboren wurde; er ist sonach gegenwärtig 51 Jahre alt. Er gehört der Familie der Massachusett'ser Lincoln's an, obgleich seine Voreltern dem Quäckerstamme entsprossen, welcher von Pennsylvanien nach Virginien übersiedelte; von dort begab sich der Großvater in den Jahren 1781—82 nach Kentucky und ward daselbst bei der Arbeit im Walde von Indianern überfallen und erschlagen. Gleich den meisten Pionieren hinterließ der Verstorbene seine Familie in dürftigen Verhältnissen, und als dessen Sohn ebenfalls vorzeitig starb, blieb eine Wittwe mit mehren Kindern — unter ihnen der damals sechs Jahre alte Abraham — in ziemlich ärmlicher Lage zurück. Bald darauf zogen die Hinterbliebenen nach dem südlichen Indiana, wo Abraham zu einer Körpergröße von sechs Fuß und einigen Zollen emporwuchs, aber kaum bessere Gelegenheit hatte, unterrichtet zu werden als in Kentucky. Vielleicht ist der sechsmonatliche Besuch einer der rohesten Sorten von Schulen Alles in Allem, was seine regelmäßige Erziehung einbegreift. Er war Eins ums Andere Farmarbeiter, gewöhnlicher Handlanger in einer Sägemühle und Bootsmann auf dem Wabasch und Mississippiflusse (nach Bartlett, auf dem Ohio). Harte und anhaltende Arbeit, rauhe Er-

(3)

fahrungen des emporstrebenden Bedürftigen, wilde Jagden und rohe Spiele in einer fernen und dünnbevölkerten Waldregion, waren die Elemente einer Erziehung, welche auf das Blockhaus, die Flinte, die Art und den Pflug sich beschränkte. Dazu traten aber die Reflektionen eines ureigenen, kraftvollen Geistes, der auf jedem erreichbaren Wege das Wissen verfolgte und einen gleich machtvollen und festen Charakter entwickelte. So bildete sich der Mann aus, wie wir ihn jetzt vor uns sehen.

Im 21. Jahre rückte er weiter westlich vor und begab sich nach Illinois, wo er für die letzten dreißig Jahre seine Heimath nahm und dort meistens in der Nähe von Springfield, der Hauptstadt des Staates, wohnte. Er half auf einer Farm als gemietheter Arbeiter während des ersten Jahres seines Aufenthaltes in Illinois, trat im darauf folgenden Jahre als Gehülfe in einem Laden ein und war Freiwilliger im „Schwarzen Falken" Kriege, wo er zum Hauptmann einer Compagnie gewählt wurde. Im folgenden Jahre bewarb er sich erfolglos um die Mitgliedschaft der gesetzgebenden Versammlung, doch wurde er später gewählt, machte sich während vier Sitzungsperioden überaus nützlich, und erhöhte so unausgesetzt sein Ansehen. Mittlerweile studirte er die Rechte und nahm seine Stelle als Advokat ein; von vornherein erkannte man in ihm einen für das Volk bestimmten außerordentlichen, kräftigen und überzeugenden Vertheidiger der Whig=Grundsätze und der Schutzpolitik, sowie ihres berühmten Repräsentanten Henry Clay. Zum 30. Congreß ward er vom Central=Distrikt zu Illinois im Jahre 1846 gewählt und blieb daselbst bis zum Schlusse, war jedoch kein Kandidat für die Wiederwahl. Auch im Jahre 1849 hatte er sich von aller Politik verhältnißmäßig fern gehalten und der Ausübung seines Geschäftes namentlich gewidmet, bis die Nebraska=Angelegenheit ihn wiederum auf die politische Arena rief. Er wurde der Whig=Kandidat für die Ver. Staaten Senatorstelle, lehnte ein weiteres Vorgehen jedoch ab und beantragte, die Wahl auf Richter Trumbull, den Kandidaten der Anti=Nebraska=Demokraten, zu lenken, welcher denn auch wirklich gewählt wurde.

In dem muthigen und denkwürdigen Präsidentschaftskampfe von 1856 stand Lincoln an der Spitze der Wähler Fremont's in Illinois. Einstimmig wurde er im Jahre 1858 von der republikanischen Staats-Convention als Nachfolger des Herrn Douglas im Senate designirt, und leitete auf Grund dessen die Wahlbewegung mit einer Geschicklichkeit, bei welcher Logik, Kunst, Beredtsamkeit und vollendete Gutmüthigkeit gleichmäßig hervortraten und wodurch sich sein Ruf über das ganze Land verbreitete. Herr Douglas verstand es, sein Uebergewicht in der Legislatur geltend zu machen, und wurde erwählt, obgleich Herr Lincoln bei Weitem mehr die Volksstimmung für sich hatte, so daß, wenn die Frage durch Volksmajorität hätte entschieden werden sollen, der Held der Squatter-Souverainität und der Gleichgültigkeit in Betreff der Sklavereiausdehnung jetzt kein Senator für Illinois sein würde.

Als Präsidentschafts-Kandidat erfreut sich Herr Lincoln besonderer Vorzüge. Während er als Republikaner auch wohl das eifrigste Mitglied jener Partei befriedigen wird, empfiehlt ihn die Mäßigung seines Charakters und die konservative Tendenz seines Geistes, wie dies von allen Politikern erkannt und gewürdigt wird, jedweder Klasse der Opposition. Es giebt keinen vernünftigen Grund, warum Amerikaner und Whigs, kurz Alle, die mehr von Vaterlandsliebe als von Parteigefühlen beseelt sind, sich nicht zu seiner Unterstützung vereinigen sollten. Republikaner und Konservative, Alle welche die Ausdehnung der Sklaverei scheuen und Alle, welche sich vor dem Fortschritt der administrativen und legislativen Corruption entsetzen, mögen versichert sein, daß sie bei diesen Fragen in i h m einen festen, unerschütterlichen Gegner, eine unübersteigbare Schutzwehr finden werden. Da er gleichzeitig ein Mann des Volkes, der sich durch eigenen Geist und Tüchtigkeit von der bescheidensten zu der höchsten Stellung emporgeschwungen hat, der sich selbst einen ehrenwerthen Namen als Gesetzeskundiger, als Advokat, als Volksredner, als Staatsmann und als rechtschaffener Mann bereitet, — so wird seine Nomination von den fleißigen und intelligenten Massen des Landes mit schwellender Fluth des Enthusiasmus gepriesen werden, wenn die ungezügel-

ten und anhaltenden Ausbrüche in Chicago als das geeignete Vor
spiel und der Beginn anzusehen sind.

Wir haben wohl kaum nöthig zu erwähnen, daß die Wahl des
Herrn Lincoln, obgleich sie nur mit den eifrigsten und anhaltendsten
Anstrengungen durchzusetzen, auf das entschiedenste als „ein Ding,
das geschehen kann" anzusehen ist. Der Zwiespalt in der demokrati=
schen Partei, der jetzt weniger als vor Lincoln's Nomination auszu=
gleichen ist, der Umstand, daß unser Kandidat durch einen der zwei=
felhaften Staaten — Illinois — aufgestellt worden ist, und durch
eine große Majorität von zwei anderen Staaten — Pennsylvanien
und New=Jersey nominirt wurde; der allgemeine Wunsch des Lan=
des, die aufreizende Sklavereifrage in Uebereinstimmung mit den
Ansichten unserer Väter zu ordnen — all dies liefert mächtige Bun=
desgenossen zur Durchführung der Wahl von Chicago. Aber —
wie wir schon bemerkten — Anstrengungen sind erforderlich. Jeder
Staat, jedes County, jeder Distrikt muß zu diesem Behufe organi=
sirt werden. Brochüren und Zeitungen müssen zur Vertheilung
kommen. Oeffentliche Reden müssen gehalten werden. Das Volk
muß angeregt, aufgeklärt, von dem Gefühle der heiligen Pflicht
begeistert werden, die auf allen vaterlandsliebenden Bürgern ruht.
So wird der große Sieg zu erreichen sein und mit ihm die Erlö=
sung des Landes von jenem verderblichen Einflusse, der uns zu
Grunde richtet. Amerikaner! Republikaner! Sollte das nicht geshe=
hen können?

Zweiter Abschnitt.

Die Jugendzeit.

Die wunderbare Verbindung halb physischer halb geistiger Energie,
jenes nervige Wesen, jene eminente Spannkraft, jene Unermüdlich=
keit, — die alles Große hervorriefen, was Amerika bis jetzt erreicht

hat, und die sich als ein besonderes Kennzeichen amerikanischen We=
sens in allen Schichten der Gesellschaft kund geben, finden sich nirgend
mehr als bei dem Hinterwäldler ausgedrückt, der heutzutage die
Stelle der Puritaner von vor zwei Jahrhunderten einnimmt. Die=
selbe Arbeit, welche den wandernden Vätern in Neu England oblag,
ist jetzt von unsern Ansiedlern zu Illinois und Wiskonsin auszufüh=
ren. So repräsentirt der Backwoodsman insbesondere den amerika=
nischen Charakter, und auswärts sieht man auf ihn mit Recht als
den eigentlichen Vertreter amerikanischen Wesens hin.

Es ist darum eine erfreuliche Thatsache, daß der richtige Instinkt
des Volkes sich diesmal einem solchem Manne zuwendet, und ihn
auf die höchste Ehrenstelle des Landes zu heben gedenkt, einem
Manne, der niemals mehr als sechs Monate Schulunterricht genos=
sen, der nicht allein vom Volke direkt entsprossen ist, sondern ihm auch
jetzt noch angehört; der, gleich Antäus, seine größte Kraft in der Be=
rührung mit dem findet, welchem er entsprang; dessen Eltern arm
waren und der auch jetzt nicht reich ist; dessen angeborene Energie
aber und schutzlos gebliebenen Talente ihm jenen höchsten nunmehr
zugedachten Ehrenbeweis brachten. Was auch das Resultat der be=
vorstehenden Präsidentenwahl sein mag, sie wird sich doch stets dadurch
auszeichnen, daß man einem Arbeitsmann einen solchen Ehrenbeweis
lieferte, wie ihn Abraham Lincoln durch die Kandidatur empfangen
hat. Das ist ein unmittelbares, treues Ergebniß der Volksherrschaft;
Lincoln selbst ist in seiner Lebensgeschichte und seinem Charakter der
wahre Sprößling des souverainen Volkes. An keinem andern
Platze der Welt konnte das geschehen und als ganz in der Ordnung
und auf natürlichem Wege vor sich gehen. Ein Fischer mag wohl
drei Tage lang König von Neapel sein können: Massaniello war
aber ein Kind der Revolution; ein Fleischerjunge erlangte in Eng=
land die Würde eines Premierministers, aber es war die Kirche und
die Gunst seines Königs, die Wolsey zu jener hohen Stelle empor=
hob; in Rußland wurde ein Pastetenbäckerjunge durch die Sinnlich=
keit eines gekrönten Weibes zu einem allmächtigen Fürsten; — doch
in Amerika konnte allein ein Mann, ohne im Besitze der Vorzüge

zu sein, welche Geburt, Glücksgüter, Freunde oder Erziehung verleihen, ganz im gewöhnlichen Laufe der Dinge, nur vermöge seiner eigenen Energie, seines Fleißes und seiner Geschicklichkeit, einen so bemerkenswerthen Succeß erringen. Wird Abraham Lincoln zum Präsidenten erwählt, so ist diese Wahl das treueste Bild, die wahrste Schilderung, das unmittelbarste Erzeugniß amerikanischer Institutionen, wie man es je gehabt hat.

In dem ersten Abschnitt unserer kleinen Schrift haben wir einen Rahmen, ein Gerüst gleichsam, geliefert, worin die hauptsächlichsten Lebensereignisse Lincoln's bezeichnet wurden. Es kann nunmehr blos darauf ankommen, das Eine und das Andere, was uns zur Characteristik des Mannes besonders dienlich erscheint, hervorzuheben, und so beginnen wir hier mit ein Paar ausführlichern Mittheilungen aus seiner Jugendgeschichte, denn diese ist ja für die Erkennung des ureigensten Wesens eines Menschen von der souverainsten Bedeutung, da — mögen spätere Lebensverhältnisse auch noch so gewaltsam eingewirkt und vielleicht auch Aenderungen so mancherlei Eigenschaften hervorgerufen haben, — der Kern des Innern doch entschieden nur durch die ersten Eindrücke und zwar unabänderlich für's ganze Leben festgestellt wird. Das Leben hervorragender Männer liefert den besten Beweis hierfür. In den spätesten Ereignissen ihres Alters — ja dann vielleicht am allerehesten — erkennen wir die Anklänge aus den Kinderjahren. Und prüft ein jeder unserer Leser sich selbst in ehrlicher Weise, so wird er sich zugestehen müssen, daß er — obschon vielleicht im höheren Mannesalter — sich nicht von den Eindrücken seiner Jugend losmachen kann und von ihnen bei allen Fragen geleitet wird, wo der tief innerste Kern seiner Seele die Führung zu übernehmen hat.

Aus diesem Grunde erscheint uns auch die Jugendgeschichte Lincolns von solcher Wichtigkeit, denn nicht als ein verweichlichtes Muttersöhnchen, das sich im spätern Alter als ein um so hartherzigerer, widerwärtigerer Tyrann herausstellt, nicht in Sammet und Seide wurde er aufgezogen, ohne Verständniß, ohne Begriff der Bedürfnisse und der Noth des Volks, er wurde nicht in jungen Jahren gleich

einer Treibhauspflanze mit überflüssigem, unverdaulichem Wissens=
kram beladen, damit er die Wissenschaft in spätern Jahren nur ver=
achten lerne; kein heuchlischer Pfaffe brachte seinem jungen Gemüthe
falsche Vorstellungen vom höchsten Wesen bei: seine Religion war die
Natur, sein Tempel war der ferne Urwald.

Diese Eindrücke der Jugend nun ziehen sich wie ein rother Faden
durch die ganzen Lebensereignisse unsers Helden. Und mit Recht
kann er von sich in einer der gegen Hrn. Douglas gehaltenen Reden
sagen: „ein Gentleman werde ich, — insofern darunter ein glatter,
abgeschliffener Mann zu verstehen ist, niemals sein; das, was aber
einen Gentleman in Wahrheit ausmacht, das glaube ich zu begreifen
und das auch ebenso gut wie jeder Andere zur Geltung bringen zu
können." — In seinen Reden ist er der ausgezeichnetste Dialectiker.
Er ist kurz, precis und fließend; witzig und humoristisch, je nachdem;
die Sprache steht ihm außerordentlich zu Gebot; seine Bilder sind
höchst bezeichnend, seine Argumente schlagend und dabei durchdrungen
von wahrhaftem Wohlwollen, von Tüchtigkeit und Ernst. Sind das
nicht Ergebnisse der ersten Jugendeindrücke? Ist da Kunst d'rin,
wie solche mühsam in der Schule erlernt wird? Der Autodidakt in
der edelsten Bedeutung des Wortes steht hier vor uns.

Er hat revolutionäres Blut in seinen Adern. Die durch ihre Va=
terlandsliebe im Kriege von 1776 so bekannt gewordenen Lincoln's
waren seine Voreltern. Jener General Lincoln, der zu Yorktown
von Washington das Schwert von Cornwallis empfing, war von
derselben Familie; in unserm Lande bleiben die Familien nicht lange
mächtig oder hervorragend; sie erheben sich nicht allein plötzlich aus
der Dunkelheit, sie sinken auch ebenso rasch wieder in dieselbe hinab.
So ist's auch hier der Fall gewesen: denn — wie wir oben sahen —
war Abraham Lincoln, der Großvater des Mannes, der gegenwärtig
an der Spitze der republikanischen Partei steht, ursprünglich ein armer
Quäker von Berks County, Pennsylvanien; und in dem östlichen
Theile dieses Staates mögen noch einige seiner Nachkommen gleichen
Namens leben. Frühzeitig wanderte dieser nach Rockingham County
Virginia, aus, wo mehrere seiner Kinder zur Welt kamen. Doch

nicht alle Abkömmlinge des „alten Freundes" schienen dazu bestimmt, Südländer zu bleiben, denn im Jahre 1782 richtete er, der eine Art von wanderndem Patriarch gewesen zu sein scheint und die Oberaufsicht selbst über seine erwachsenen und verheiratheten Söhne beibehielt, seine Schritte nach Hardin County, Ky., wo dann eben unser Held geboren ward.

Ueber den ersten Aufenthalt des Letztern in Indiana, der, wie wir eben gesehen haben, in das Knabenalter fiel, giebt uns einer seiner Freunde nachstehende Schilderung:

„Die Familie kam ungefähr um die Zeit in die neue Heimath als der Staat in die Union aufgenommen ward. Der Landstrich, wo sie sich ansiedelte, war rauh und wild, und sie ertrugen jahrelang die harten Erfahrungen eines Gränzlerlebens, bei welchem der Kampf mit der Natur um die Existenz und die Sicherheit nur durch unausgesetzte Wachsamkeit durchzukämpfen ist. Bären, Wölfe und andere wilde Bestien machten die Wälder unsicher und jung Lincoln erwarb sich in dem Gebrauche der Flinte eine größere Geschicklichkeit, als in der Kenntniß von Büchern. Es gab allerdings hier und da Anstalten, die unter der schmeichelhaften Benennung von „Schulen" bekannt waren; doch verlangte man von einem Lehrer über das „Lesen, Schreiben und einfachste Rechnen" hinaus kaum noch die Kenntniß der Regel de tri. Wenn ein beliebiger Herumstreicher, von dem man glaubte, er verstehe lateinisch, sich in der Nähe aufhielt, wurde auf ihn wie auf einen Hexenmeister gesehen und er mit einer scheuen Ehrfurcht betrachtet, wie sie für solch' einen geheimnißvollen Charakter allerdings geziemt."

„Harte Arbeit und vollauf — so hieß die Tagesordnung; Abwechselung brachte in der That eine zufällige Bärenjagd, eine nicht seltene Hirschjagd oder irgend eine andere wilde Jägerlust. Freilich kam jung Lincoln, als er heranwuchs, nicht in die Schule. Er konnte lesen und schreiben und hatte einige Kenntniß von der Arithmetik, aber das war auch Alles, und bis dahin zeigte er auch wenig Verlangen, mehr von dem zu wissen, was in den Büchern zu finden ist. Im Uebrigen war er nicht von der Natur vernachlässigt. Er war sechs

Fuß vier Zoll in die Höhe geschossen, thätig und kräftig, konnte die
Axt schwingen, den Pflug regieren, die Flinte handhaben — das Alles
so gut wie nur der beste seiner Kameraden; er war in alle Geheim=
nisse der Prairielandwirthschaft eingeweiht, und durchaus an hartes
Wirken und Arbeiten gewöhnt. Als er heranwuchs, ist er nie in die
Schule gekommen. Was er an geistigen Schätzen sich erworben, hat
er, je nachdem sich die Gelegenheit zeigte oder der Drang der Umstände
es erforderte, hier und da aufgelesen."

Das letzte Ereigniß, welches in Lincoln's Jugendgeschichte fällt,
ist seine Theilnahme an dem Kriege mit dem Indianerhäuptling,
„dem schwarzen Falken." Er lebte damals in New Salem, jetzt
Menard County, als der „Schwarze Falken"=Krieg ausbrach. Eine
Freiwilligencompagnie wurde in seiner Gegend errichtet und er zum
Hauptmann ernannt. Er hat den ganzen Krieg mitgemacht und
gewann dadurch viel an Popularität. — Nach Beendigung des Krie=
ges begab er sich, in einem Alter von etwa 23 Jahren, nach San=
gamon County und studirte dort Vermessungskunde, bis die Finanz=
krise von 1837 den Werth des Grund=Eigenthums zerstörte und das
Geschäft ruinirte. In Folge dessen wurden des jungen Lincoln's
Vermessungsapparate im Exekutionswege durch den Sheriff verkauft.
Durch diesen Schicksalsschlag aber nicht niedergebeugt, wendete er
seine Aufmerksamkeit der Rechtskunde zu, borgte sich ein Paar Bücher
von einem Nachbar, die er aus dessen Geschäftszimmer des Abends
holte und des Morgens zurückbrachte und lernte so die Rudimente
des Berufes, worin er sich späterhin so auszeichnen sollte.

Hr. Lincoln war in seiner Jugend als der rascheste Fußgänger,
der beste Springer und der unermüdlichste Kämpfer unter seinen Ka=
meraden bekannt, und als er mannbar wurde und seine physische Kraft
sich entwickelte, sahen ihn die ältesten Ansiedler als den kräftigsten,
stämmigsten Mann des Staates an. Seine gewohnte Enthaltsam=
keit und äußerste Körperabhärtung kräftigten seine Constitution und
gaben frischen Muth seinem Geiste. Er ergriff jedwede Gelegenheit,
sich auszubilden und oft studirte er an seinen Gesetzbüchern bis tief in
die Nacht hinein beim Scheine des Holzfeuers auf dem Heerde seines

Farmhauses in den Prairien. Frühzeitig zeichnete er sich durch Dis=
putationstalent aus und viele alte Ansiedler erinnerten sich bei seinem
Wiederauftreten der früher gefeierten geistigen Triumphe. Seine
Kraft, Natürlichkeit, directe und unwiderstehliche Logik bezeichnen ihn
jetzt wie früher als einen geistigen König.

Der tiefe Schnee des Winters 1830/1 war eine der Hauptplagen,
welche die ersten Ansiedler von Central= und Süd=Illinois zu er=
tragen hatten. Die Folgen davon zeigten sich noch mehrere Jahre
später. Da das Wetter mild und angenehm gewesen, hatte man sich
wenig darauf vorbereitet, als unerwartet gegen Weihnachten ein
Schneesturm losbrach, der zwei Tage lang anhielt; so etwas war bis=
her noch nie erlebt worden; selbst die Indianer wußten in ihren alten
Erinnerungen nichts davon zu erzählen, und niemals war auch nur
annähernd das Wetter so zur Winterszeit gewesen. Die Pioniere,
welche im Jahre 1800 zuerst in den Staat kamen, der damals ein
Territorium war, leben zum Theile noch und erzählen, daß vor 1830
niemals tieferer Schnee als etwa bis zur Höhe eines Mannsknie's
gelegen habe, während er jetzt über ausgedehnte Strecken weit brust=
hoch gefallen war. „Seit drei Monaten," sagen die alten Ansiedler,
„fiel kein warmer Sonnenstrahl auf die Oberfläche des Schnee's. Er
bedeckte sich mit einer Kruste, die an einzelnen Stellen so stark wurde,
daß man mit einem Gespann Pferde oder Ochsen darüber wegfahren
konnte. Rindvieh und Pferde gingen verloren, der Winterweizen
verdarb, die geringen Lebensmittel=Vorräthe wurden aufgezehrt, und
die wohlhabendsten Ansiedler kamen vor Noth fast um, während dies
mit einigen der ärmern in der That geschah. In Mitte solcher
Scenen erlangte der junge Abraham Lincoln seine Majorennität und
begann seine Laufbahn kühner und männlicher Unabhängigkeit. Das
war die Prüfung, welcher sich die Seele des künftigen Präsidenten
unterwerfen sollte. Die Verbindung zwischen Haus und Haus war
öfters gänzlich für Fuhrwerk aufgehoben, so daß die jungen und
kräftigen Männer allen Verkehr zu Fuß besorgen mußten; so brach=
ten sie das Eine oder das Andere von den etwa entbehrlichen Vorrä=
then des einen Nachbars zu dem zweiten und umgekehrt. Leute, die

fünf, zehn, zwanzig und dreißig Meilen von einander entfernt lebten, wurden damals „Nachbaren" genannt. Der junge Lincoln war stets bereit, diese Akte der Menschlichkeit auszuüben, und war in seinen Rathschlägen Allen voran zu jener Zeit, wo die Sorge gleich einer dicken Wolke über den Häuptern der Ansiedler lag. Und diese Zeit bildet auch einen Wendepunkt in der Lebensgeschichte des jungen Mannes. Die Jugend schließt mit ihrem in sich begrenzten Leben ab; der erwachsene und durch die Schule der Erfahrung herangebildete Jüngling gehört nicht mehr sich selbst, seiner Familie oder dem Kreise seiner Freunde an; nein, sein Wirkungskreis soll fortab ein größerer sein, und wenn man sagt, daß die Staatspolitik im wahren, höhern Sinne des Worts, als die Blüthe aller Wissenschaft, Gesammtbildung und Erfahrung anzusehen ist, so können wir bei der Erinnerung, daß dem jungen, dreiundzwanzigjährigen Manne schon die Arena politischer Thätigkeit eröffnet worden, uns nicht des Gedankens erwehren, es sei dies eine anmuthige Gabe des Geschicks gewesen — eine seltene Blume gleichsam, zum Geschenke dargebracht, die in so edeln Händen sorgfältig gepflegt werden würde — zum Ersatz für erlittene Entbehrung, zur Anerkennung des bewährten Sinnes, der Tüchtigkeit und Männlichkeit trotz jugendlichen Alters.

Dritter Abschnitt.

Beginn der politischen Thätigkeit.

Wenn die Beobachtung von Interesse ist, wie im Allgemeinen die Keime in der Seele unseres Helden, welche späterhin zu so Außerordentlichem sich entwickelte, in der Kindheit allmälig schon hervortraten und bei ihrer Ausbildung jene eigenthümliche Physiognomie annahmen, welche durch die äußeren Verhältnisse bedingt wurde, — so ist es ebenso spannend, den Weg zu verfolgen, den Abraham Lincoln bei der spezifischen Ausbildung in seinem Berufe, als Politiker und Vertheidiger der Volksrechte unausgesetzt im Auge gehabt hat.

Nach jener traurigen Winterperiode, von welcher wir oben ge=
sprochen haben, begann die politische Thätigkeit Abraham Lincoln's.
„Um diese Zeit," so erzählt einer von Hrn. Lincoln's Freunden;
„übertrugen ihm die Whigs dieses County's die Kandidatur für die
Legislatur. Er siegte mit gewaltiger Majorität bei dieser und den
drei nächstfolgenden Wahlen. Während er ein Mitglied des gesetz=
gebenden Körpers war, gab er Beweise seines hohen Talentes für
die Debatte und er bildete seine natürliche Befähigung zum öffentli=
chen Sprechen durch fleißigen Gebrauch auf's sorgfältigste aus. Er
benutzte auf das aufmerksamste die sich ihm hier dargebotene Gele=
genheit zur Selbstausbildung. Aus der Stellung eines Untergeord=
neten in den Reihen der Whigpartei, die ihm bei seiner unaffektirten
Bescheidenheit und seinen geringen Ansprüchen als ganz passend
übertragen wurde, gelangte er bald zur Achtung und Anerkennung
als ein Führer und Leiter, und wurde durch seine unveränderte Artig=
keit und Gutmüthigkeit, sowie durch sein munteres Wesen, das so
durchaus frei von aller Selbstsucht war, der Liebling Aller."

„Während der legislativen Periode setzte er seine Rechtsstudien
fort, zog nach Springfield, eröffnete eine Advokatur und stürzte sich
auf's eifrigste in die Praxis. Geschäfte flogen ihm zu, und er erhob
sich bald zu großer Bedeutung in seinem Berufe. Er entfaltete eine
bemerkenswerthe Geschicklichkeit in Untersuchungssachen vor den Ge=
schworenen und viele seiner juridischen Argumentationen sind wahre
Meisterstücke logischer Beweisführung. Da war in seinen Bemü=
hungen vor Gericht keine Spur raffinirter Künstelei. Alles trägt
den Stempel männlichen, gesunden Menschenverstandes: dazu kommt
Lincoln's natürliche, anmuthige Art, eine Sache zu verdeutlichen,
so daß die dunkelsten Gegenstände hell und klar werden. Sein Erfolg
auf dem Parquet ließ ihn jedoch seiner politischen Thätigkeit nicht
uneingedenk sein. Jahre lang war er das treibende Rad der Whig=
partei von Illinois und bei den Wahlbewegungen in den verschiede=
nen Präsidentschaftscampagnen betheiligt. In solchen Perioden hielt
er die Wahlreden mit gewohnter Kraft und Geschicklichkeit. Er war
ein eifriger Freund Henry Clay's und strengte sich seinetwegen auf's

äußerste (1844) an, wo er den ganzen Staat Illinois durchzog, und in öffentlichen Versammlungen bis gegen den Schluß der Campagne täglich sprach, dann aber, als er sah, daß dies keinen Erfolg haben werde, nach Indiana hinüberging, und seine Anstrengungen dort bis zum Tage der Wahl fortsetzte. In Illinois drehte sich der Streit jenes Jahres namentlich um die Tariffrage. Hr. Lincoln von der Whigseite und John Calhoun von der demokratischen Seite waren die Häupter der gegenüberstehenden Wahlparteien. Calhoun — gegenwärtig todt — stand damals in der vollen Kraft seines Ansehens und wurde zu den geschicktesten parlamentarischen Rednern gezählt. Sie hielten ihre Reden gleichzeitig, oder doch ungefähr so, indem sie auf jedem Platze an abwechselnden Tagen und zwar ein Jeder zu großen Auditorien lange Zeit hindurch, bisweilen vier Stunden hintereinander sprachen. Hr. Lincoln legte in seinen sorgfältig ausgearbeiteten Reden eine vollendete Meisterschaft in den Grundsätzen der politischen Oekonomie dar, welchen die Tariffrage unterliegt, und brachte zu Gunsten des Schutzzolles Argumente von seltener Unwiderstehlichkeit und Folgerichtigkeit, zugleich aber in einer so klaren und leicht verständlichen Weise, sowie mit so glücklich gewählten Bildern und passenden Anekdoten untermischt vor, daß er sich hierdurch den Ruf als den geschicktesten Leiter der Whigs und der republikanischen Reihen des großen Westens verschaffte, welchen er seitdem stets auch mit Erfolg aufrecht erhalten hat."

Im Jahre 1846 wurde Lincoln in den Kongreß Seitens des Central-Distriktes von Illinois gewählt.

Er nahm daselbst am ersten Montage des Dezembers 1847 seinen Sitz ein. Es war dies der 30. Kongreß und das Haus der Repräsentanten, dessen Mitglied er geworden war, hatte Hrn. Winthrop, Mass., zu seinem Sprecher. Es bestand aus 117 Whigs, 110 Demokraten und 1 Amerikaner. Illinois hatte damals 7 Abgeordnete darin, und Alle waren, mit Ausnahme des Hrn. Lincoln, Demokraten. In jenem Staate hatte er allein das alte Whigbanner aufrecht gehalten. Die Versammlung sah die talentvollsten Männer in Verbindung jener wirklichen Staatsmänner in ihrer

Mitte, derer sich unser Land erfreut, und so war dieser Kongreß in dieser wie jeder andern Beziehung von seltener Bedeutung und wie ihn wohl selten das Land zur Berathung seiner Gesetze wählen mag. Die Sitzung wurde eine der lebhaftesten, erregtesten und aufregendsten, welche jemals stattgefunden haben.

Hr. Lincoln hielt während der ersten Sitzungsperiode des 30. Kongresses drei wichtige Reden, von denen zwei über nun bereits vergessene Streitpunkte — den mexikanischen Krieg und die Präsidentschaftswahlbewegung in 1848 — sich ausließen; in der erstern war sein Angriff auf den Präsidenten beißend, unerbittlich und streng logisch; in der letztern entwickelte sich sein westlicher Redestyl noch ersichtlicher; bei jeder Gelegenheit brachte er mit Kraft und Geschicklichkeit die Ansichten der Whigpartei zur Geltung. Er war ein warmer und persönlicher Freund Henry Clay's und vertheidigte die von diesem Staatsmanne vornehmlich ausgebildeten Doktrinen mit allem Eifer, der ihm zu Gebote stand.

Wir müssen jedoch noch einiger anderer Debatten dieses Congresses erwähnen, und so wollen wir die einzelnen Punkte, welche unserer Ansicht nach besonderes Licht auf die Denkweise Lincoln's in politischen Fragen werfen, hier zusammenstellen.

Sklaverei im Distrikt Columbia. Eine Denkschrift mehrerer Bürger aus dem Distrikt Columbia wurde von Herrn Giddings überreicht. Man ersuchte darin den Congreß, alle in Betreff der Aufrechthaltung des Sklavenhandels erlassenen Gesetze für den Distrikt Columbia zu widerrufen. Hr. Giddings beantragte die Ueberweisung der Denkschrift an das Justizcomite, mit dem Auftrage, die Verfassungsmäßigkeit aller Gesetze zu prüfen, durch welche Sklaven als Eigenthum im Distrikt Columbia gehalten werden. Von einer andern Seite stellte man den Antrag, das Papier auf den Tisch des Hauses zu legen. Hr. Lincoln votirte gegen diesen letzten Antrag.

Am 22. Dezember wurde von Hrn. Wentworth von Illinois die Einrichtung von Häfen und die Regulirung von Flüssen durch die allgemeine Regierung be=

antragt, wie solches zum Schuße unserer Flotte und des Handels, sowie zur Vertheidigung der Gränzen unseres Landes erforderlich scheinen würde. Auch hier wollte man durch das gewöhnliche Manöver den Antrag wiederum beseitigen; doch gelang es, eine direkte Abstimmung zu erzielen und der Beschluß wurde mit 138 Ja's gegen 54 Nein's gefaßt. Hr. Lincoln stimmte natürlich mit den Ja's.

In der Mexikanischen Kriegs=Sache beantragte Hr. Lincoln, daß in Erwägung der vom Präsidenten der Vereinigten Staaten in seinen verschiedenen Botschaften zugestandenen mehr als genügenden Gründe, die wir zur Führung eines Krieges gegen Mexiko hätten, das Haus beschließen möge, den Präsidenten um nähere Auskunft über die einzelnen von ihm angeführten Punkte zu ersuchen. Dieser Antrag und die dabei gehaltene Rede ist deßhalb von Wichtigkeit, weil sie Hrn. Lincoln von dem ihm Seitens seiner politischen Gegner gemachten Vorwurfe befreit, daß er gegen die Verstärkung der Armee gestimmt habe. Hr. Lincoln war ein Whig und nahm die Stellung der Whigs damaliger Zeit ein; viele bedeutende Männer des Südens gehörten dazu; sie opponirten gegen die mexikanische Kriegserklärung Seitens des Präsidenten, so lange als diese Opposition irgend einen Zweck hatte, was nicht mehr der Fall war, als Hr. Lincoln im Congresse war. Auch jetzt noch spricht — wie die Resolution beweist — Hr. Lincoln darüber sich tadelnd aus, was der Redner als eine falsche Darlegung Seitens des Präsidenten in Betreff des Ursprungs der Differenzen bezeichnet. Seiner Meinung nach könnten keinerlei Umstände jemals einen falschen Bericht über diesen oder irgend einen andern Krieg rechtfertigen; und so critisirt er bei jeder passenden Gelegenheit die Angaben des Präsidenten, welche letztere wiederholentlich versichern, daß der Krieg durch Handlungen Seitens der Mexikaner hervorgerufen worden wäre. Die Rede ist kräftig, logisch und prachtvoll humoristisch in ihren Wendungen: ein erfolgreiches Debüt in Hrn. Lincoln's congressioneller Laufbahn.

Kriegsbereitschaft. Am 17. Februar gab Hr. Lincoln ein Votum ab, welches auf die wirksamste Weise die Behauptung einiger seiner damaligen politischen Feinde, daß er gegen die Kriegsbereitschaft gestimmt habe, widerlegte. Das Comite der Mittel und Wege berichtete über eine Bill, betreffend die Anleihe von sechszehn Millionen Dollars behufs Bezahlung der namentlich aus der Mexikanischen Affaire hervorgegangenen Schulden. Diese Bill passirte ein Haus von Whig=Repräsentanten, und dennoch wurden 192 Stimmen dafür, 14 dagegen abgegeben. Hr. Lincoln votirte für die Bill.

Der Putnam'sche Antrag, daß in allen von Mexiko acquirirten Landstrichen, die eine Territorial=Regierung erhalten, in der betreffenden Verfassung der grundsätzliche Vorbehalt des Sklavenverbots gemacht werden solle, wurde auf Antrag des Hrn. Brodhead auf den Tisch des Hauses gelegt. Hr. Lincoln votirte natürlich gegen den letzten Antrag.

In der Tariffrage stimmte Hr. Lincoln am 19. Juni 1848 für einen Antrag des Hrn. Stewart von Pennsylvanien, betreffend die höhere Besteuerung aller fremden Luxusartikel.

Sklaverei in den Territorien. Am 28. Juli wurde die berühmte Bill, betreffend die Errichtung von Territorial=Regierungen für Oregon, Californien und Neu Mexiko von des Sprechers Tisch, nachdem dieselbe vom Senate gekommen war, genommen. Das Eigenthümliche dieser Bill war ein Vorbehalt bezüglich Californiens und Neu=Mexiko's, worin den Territorial=Legislaturen verboten ward, Gesetze zu Gunsten oder gegen die Sklaverei zu beschließen, und worin gleichfalls vorbehalten wurde, daß alle Gesetze der Territorial=Legislaturen überhaupt der Bestätigung des Congresses unterliegen. Man wird sich erinnern, daß es diese Bill war, gegen welche Hr. Webster, der damals im Senate saß, in einer großen Rede Opposition machte. — Als dieselbe Bill nun vor das Repräsentantenhaus kam, beantragte Hr. Stephens von Georgia, den Gesetzesvorschlag auf den Tisch des Hauses zu legen. Dies geschah nach einer äußerst aufgeregten und verwirrten Scene, wobei 114 dafür, 96 dagegen stimmten. Hr. Lincoln gehörte natürlich zu den Erstern. Als späterhin am 2. August bei Vorlage der Hausbill, be= treffend die Organisation des Oregonterritoriums, ein Antrag gestellt wurde, den Theil der Bill, welcher das genannte Territorium der Ordonanz von 1787 unterwirft, zu streichen, stimmte Hr. Lincoln mit 113 Andern für Beibehaltung der Ordonanz.

Während der zweiten Session stimmte Hr. Lincoln am 12. De= cember für den Antrag des Hrn. Eckert, betreffend die Aufstellung eines neuen Tarifs, nach den Grundsätzen des Tarifs von 1842.

Am 18. December beantragte Hr. Palfrey von Massachusets die Einbringung einer Bill, betreffend die Wiederaufhebung der Skla= verei im District Columbia. Hr. Lincoln glaubte dies Mal dagegen stimmen zu müssen, da eine solche Aufhebung ohne Entschä= digung der Sklaveneigenthümer nicht statt finden dürfe.

Die Territorialfrage. Hr. Proot beantragte an demsel= ben Tage, das Comite über Territorien solle dem Hause sobald als möglich eine Territorialverfassung für die Territorien von Neu Mexiko und Californien, bei welcher die Sklaverei aus= zuschließen wäre, vorlegen. Nach mehreren Debatten über die Formfrage, schritt man zur Abstimmung und es ergab sich als Re= sultat, daß 106 dafür und 80 dagegen waren. Hr. Lincoln stand, wie gewöhnlich, bei der die Sklaverei einschränkenden Klausel.

Als am 21. December Hr. Lott auf's neue die Sklavenfrage des Columbia Districts vorbrachte, und die Abschaffung beantragte, vo= tirte Hr. Lincoln dagegen, um die Frage der Sklavereiausbreitung nicht noch mehr zu verwirren und weil er der Meinung war, daß sich der Gegenstand viel mehr zur Zufriedenheit Aller beseitigen ließe, sobald vorher die Sklavereifrage in den Territorien zur Erledigung gekommen wäre.

Oeffentliche Ländereien. Am 21. December hatte Hr. McClelland den Antrag eingebracht, daß die öffentlichen Ländereien unter besonderen Bedingungen an die Inhaber und Bebauer, zu solch einem Preise verkauft werden sollen, daß dadurch blos nahezu die Unkosten gedeckt würden. Man wollte den Antrag auf den Tisch

des Hauses legen, w o g e g e n Hr. Lincoln votirte, denn er war stets
bereit etwas zu thun, was die öffentlichen Ländereien dem Volke und
nicht der Spekulation in die Hände gebe.

Eine Sklavensache. Man beanspruchte den Werth für
einen Sklaven, Namens Antonio Pacheco, der von einem Vereinig=
ten Staaten Officier gemiethet worden war, sich geflüchtet hatte,
mit den Indianern gegen die Weißen focht, mit den Waffen in der
Hand als Feind ergriffen und als solcher aus dem Territorium ge=
schickt wurde, um das Leben der Einwohner nicht zu gefährden. Die
Debatte hierüber war eine äußerst lebhafte und behandelte natürlich
vielfach die Prinzipien der Sklaverei im allgemeinen. Hr. Lincoln
hat sich bei der Debatte selbst nicht betheiligt, doch widersetzte er sich
der Wiedererwägung, freilich ohne Erfolg, nachdem, durch eine Ab=
stimmung von 90 gegen 89 die ursprüngliche Frage verneint wor=
den war.

Aus einer Wiederaufnahme der Lott'schen Resolution, betreffend
die Ausschließung der Sklaverei in dem District Columbia
und dem damit in Verbindung stehenden Amendement, erkennen wir
ganz genau die Auffassung des Hrn. Lincoln über die Sklavenfrage
im Jahre 1849. Er widerstrebte, das Institut in den Territorien
aufkommen zu lassen, und war auch für Beseitigung desselben im
Columbia=District, aber mit Entschädigung des Eigenthümers. Er
war für Reform, aber zeigte sich stets als ein vorsichtiger, conserva=
tiver Reformer.

Der Leser wird mit Leichtigkeit aus den obigen Mittheilungen die
Stellung verstehen lernen, welche Hr. Lincoln im Congresse eingenom=
men hat. Bezüglich der Sklavereifrage war er seinen Prinzipien
immer getreu, und votirte stets gegen die Ausdehnung der Sklaverei;
bezüglich der mexikanischen Frage stand er auf dem Boden der da=
maligen Whigs und wies es von sich, den Krieg an sich zu recht=
fertigen, aber votirte, die erforderlichen Gelder zur Bezahlung der
Kreigskosten.

Er opponirte fest und entschieden der Annexirung von Texas.

––––––––––

Vierter Abschnitt.

Zehn Jahre in der Heimath, von 1848 bis 1858.
Der Kampf um die Senatorswahl.

Nachdem Herr Lincoln nicht mehr Mitglied des Kongresses war, nahm er mehrere Jahre lang keinen vorragenden Theil an der Politik. Doch befürwortete er in der National-Konvention von 1848, deren Mitglied er gewesen, die Wahl des Generals Taylor zum Präsidenten und unterstützte die Nomination durch eine überaus thätige Wahlbewegung in Illinois und Indiana.

Die Privat-Angelegenheiten Herrn Lincolns beanspruchten seine ganze Aufmerksamkeit; er hatte geheirathet; seine Familie vergrößerte sich immer mehr, er war aber nicht reich (und ist es übrigens auch heute noch nicht). Darum widmete er sich mit größter Anstrengung der Ausübung seines Berufes bis 1854, als die Aufhebung des Missouri-Compromisses und die damit in Verbindung gestandene weit verbreitete Bewegung erfolgte, und ihn aufs Neue der politischen Arena zuführte. Wiewohl Jedermann, der mit seinen bisherigen Ideen und Handlungsweisen vertraut war, voraussagen konnte, opponirte er der Nebraska-Bill aufs kräftigste, nahm die Fehde gegen deren Urheber, Herrn Douglas, auf und schlug Letztern mit außerordentlicher Energie. Seine angestrengte Opposition war auch in Illinois bis zu einem gewissen Grade erfolgreich gewesen und zum ersten Male blieb eine Majorität der Legislatur, welche sich zur Wahl eines Vereinigten Staaten Senators anschickte, der demokratischen Partei ungünstig. Neun Zehntel der Majorität waren Whigs und wünschten Herrn Lincoln's Erhebung zu der vacanten Stelle im Oberhause, aber das obige Zehntel bestand aus Demokraten und diese zeigten sich nicht geneigt, ihre Stimmen einem Whig zu geben. Die republikanische Partei war damals erst in der Entstehung; die verschiedenen Elemente einer Opposition waren chaotisch zusammengewürfelt und es erschien eine überaus geschickte Leitung zu ihrer Vereinigung erforderlich. Hr. Lincoln selbst wünschte ernstlich von

seinen politischen Freunden, sie möchten ihn aufgeben. Man erfüllte
seinen Wunsch und übertrug die Stimmen auf Richter Trumbull,
einen Anti=Nebraska Demokraten, der alsdann auch zum Verei=
nigten Staaten Senator erwählt wurde. Das geschah im Jahre
1855 und zeigt die vorragende Stellung, welche Herr Lincoln unter
Denen gewonnen hatte, die so lange seine Verbündeten gewesen waren,
und deutet zugleich auf den Einfluß hin, den er auf sie ausübte;
denn anfänglich sollte e r den Vorzug vor Männern wie Yates,
Logan, Grimshaw und Browning haben, dann aber vermochte e r
die Wähler zu veranlassen, von ihm abzustehen und ihre Stimmen
dahin, wo e r es wünschte, zu übertragen. Ebenso tritt hierdurch
die wichtige Stellung hervor, die er gar leicht in den Berathungen
der neuen Partei einzunehmen vermocht hätte, wenn schon die abso=
lute Führerschaft seiner Partei, zweifellos über seinen Ehrgeiz,
hinauszuliegen schien. Dessenungeachtet stellten bei der ersten repu=
blikanischen National=Konvention von Cincinnati in dem folgenden
Jahre die Abgeordneten von Illinois seinen Namen als Kandidaten
für die Vice=Präsidentur auf, und gaben so zu verstehen, welche
Ansprüche er auf ihre Verehrung und Beachtung habe. Ebenso stand
er in jenem Staate an der Spitze der Fremont'schen Wahlbewe=
gung und wirkte mit allen ihm zu Gebote stehenden Kräften dafür.

Obgleich sein Name in Illinois und im ganzen Nordwesten schon
lange wohl bekannt, so war man doch erst durch den heftigen Kampf
zwischen ihm und Douglas im Jahre 1858 in weiteren Kreisen da=
mit vertraut geworden. Der Ruf hiervon hatte sich bereits durch
das ganze Land verbreitet und ist nun ein Eigenthum aller Politiker
jedweder Farbe, welche überhaupt nur ein Interesse an öffentlichen
Fragen nehmen. Das Benehmen Stephan A. Douglas' im Kon=
greß hatte aller Orten die verschiedenartigsten Meinungen hervorge=
rufen, und auf allen Punkten des Landes den heftigsten politischen
Streit erzeugt; nirgends aber war die Bewegung und Aufregung
mächtiger als in seinem eignen Staate Illinois. Die zwei alten
Parteien waren beide gespalten; die Whigs und ein Theil der De=
mokraten einigten sich in dem öffentlichen Tadel der Haltung des

Herrn Douglas; die Verwaltung hatte ihre besonderen Gründe, auf's schärfste zu opponiren: während andererseits sein persönlicher Einfluß und seine Popularität, welche stets überaus groß waren, die That= sache ferner, daß er von Vielen als das auserjehene Opfer gouver= nementalen Ingrimms, sowie als der Repräsentant einer kräftigen politischen Unabhängigkeit betrachtet wurde, in Gemeinschaft mit der außerordentlichen Gewalt der Parteiverbindungen und Associationen sich vereinigte, ihm Schaaren von Anhängern zuzuführen. Seine Senatszeit war vorüber und die Legislatur berieth sich über einen Nachfolger. Seine Wiedererwählung wäre die Gutheißung seines Verhaltens durch den eigenen Staat, sowie eine Empfehlung seiner Ansprüche auf die Präsidentschaft an die demokratische Partei gewe= sen. Das wurde von ihm, von den Politikern aller Sorten und Grade und von dem Lande selbst auch vollkommen eingesehen. Die Republikaner beschlossen daher ihm ein großes Treffen zu liefern und ihn, wenn irgend möglich, auf seinem eigenen Grund und Boden zu besiegen. In ihrer Nominations=Konvention zu Springfield wurde Herr Lincoln einstimmig als republikanischer Kandidat für die Se= natur aufgestellt, und an ihn das Ersuchen gerichtet, im Staate als Repräsentant der republikanischen Doktrine Reden zu halten.

Der Krieg, welcher hieraus entstand, war einer der härtesten Kämpfe, die jemals in unserer politischen Geschichte vorgekommen sind. Die Reden wurden beiderseits mit außerordentlicher Gründ= lichkeit gehalten, beide Kandidaten zogen mit dem Gefolge eines ganzen Apparates logischer Kraft, Witz und Beredtsamkeit ins Feld, während das Land mit Spannung nach dem Ergebniß ausschaute, und die Bevölkerung des Staates, die von beiden Rivalen vorge= brachten Argumentationen zu hören erwartete, um sich darüber zu er= klären, wie Jene hätten handeln sollen. Jeder hatte innige Freunde, Jeder war durchaus der Repräsentant einer großen Partei und eines großen Prinzips. Persönliche Empfindungen mischten sich hinein und eine große öffentliche Frage von den weitreichendsten Konsequenzen war im Entstehen begriffen. Was diesem Streite jenen eigenthümlichen Charakter, jene ganz außerordentliche Gewalt und jenes Interesse verließ, war auch, daß die beiden Kandidaten zu verschiedenen Malen die angeregten Fragen, Einer in des Andern Gegenwart, verhandelte. Die von Jedem bei dieser Gelegenheit dargelegte Geschicklichkeit war bemerkenswerth und wurde auch gegenseitig anerkannt. Es ist in der That unmöglich eine kräftigere Darstellung demokratischer Institutionen, ein bemerkenswertheres Bild amerikanischen Lebens und Charakters sich vorzustellen, als jenen Ruf an das Volk Seitens der Führer zweier großer Oppositionsparteien. Anstatt bei Hofe herumzuschmarotzen, oder im Kabinet Intriguen zu spinnen, oder diplomatische Noten zu schmieren, oder nach einem Beamtenposten und Emolumenten zu lungern, oder selbst wohlgesetzte Reden im Senate zu halten und die Ueberzeugung einer Versammlung gebildeter und talentvoller Personen anzurufen, — sah man hier zwei Männer, die Beide aus dem Volke stammen, Beide eine bemerkenswerthe Energie des Charakters haben, Beide zur Führerschaft ihrer respektiven Parteien erhoben wurden; der Eine war lange Zeit eine hervorragende Größe in der Rathsversammlung der Nation, war ein Aspirant für die höchste Stelle des Landes gewesen; er hatte eine Maßregel eingeleitet, welche die grenzenloseste und gewaltigste Opposition, wie sie nur jemals ein politischer Akt in diesem Jahrhundert erzeugte, hervorgerufen hat; er hatte nichtsdestoweniger diese Maßregel durchgeführt, und nun trat er vor das rauhe, so wenig gebildete Volk des westlichen Illinois, vor die Landleute und Hinterwäldler mit der Zumuthung, ihn zu unterstützen, seine Handlungsweise gut zu heißen und die Kandidatur aufrecht zu erhalten. Durch ihren Wahrspruch mußte er stehen oder fallen; ihnen setzte er seine Sache auseinander; vor ihnen plaidirte er persönlich. Sein Gegner war ebenfalls anwesend und beschuldigte ihn ins Gesicht politischer Verbrechen; und Tag für Tag, Abend für Abend, Ortschaft nach Ortschaft — kämpften die beiden Bewerber vor der mächtigen Jury des Volkes um die Meisterschaft. Kein Ringen der Olympischen Spiele, kein Kampf im Senate des alten Roms oder im Parlamente des modernen Englands war bemerkenswerther, oder wurde von aufmerksameren Mengen vernommen und angeschaut. Vom Juni bis November dauerte die Wahlbewegung fort; auf sieben verschiedenen Plätzen wurden die Kämpfe von den Vorkämpfern ausgefochten.

Eine republikanische Staats-Konvention trat in Springfield, Illinois, am 2. Juni 1858 zusammen, und brachte Herrn Lincoln als republikanischen Kandidaten für die Vereinigte Staaten Senatur in Vorschlag. Nach seiner Nomination, die insofern eigenthümlich, als Senatoren nicht durch das Volk erwählt, folglich in der Regel auch nicht durch Konventionen nominirt werden, hielt Hr. Lincoln eine Rede, die wir vollständig mittheilen, und welche am besten den hohen Werth und die Charakteristik des Mannes zeigen, dem die Vereinigten Staaten die höchste Würde ihres Landes verleihen wollen. Diese Rede datirt, vom 17. Juni 1858. Wir lassen unmittelbar darauf eine zweite, vier Wochen später am 17. Juli 1858, gleichfalls in Springfield gehaltene, Rede nachfolgen.

Rede Lincoln's,

gehalten zu Springfield am 17. Juni 1858.

Herr Präsident und meine Herren Mitglieder der Convention.

Wüßten wir erst wo wir sind und wohin wir gehen, so würden wir besser beurtheilen können, wie und was wir zu thun haben. Wir sind bereits weit ins fünfte Jahr vorgerückt, seit eine Politik mit dem anerkannten Versprechen, der bestimmten Absicht begonnen ward, der Sklavenbewegung ein Ende zu machen. Unter den Einwirkungen dieser Politik hat jene Bewegung nicht nur nicht aufgehört zu sein, sondern sich fortdauernd noch vergrößert. Meiner Ansicht nach wird sie nicht eher zu Ende kommen, als bis wir eine Krisis erreicht und überwunden haben. „Ein in sich selbst gespaltenes Haus kann keine Dauer haben." Ich glaube, eine Regierung kann keine Zukunft haben, die zur Hälfte den Prinzipien der Sklaverei, zur Hälfte denen der Freiheit huldigt. Ich erwarte nicht die Lösung der Union, — ich erwarte nicht den Sturz des Hauses, aber ich erwarte das Auf-

2

hören seiner Spaltung. Alles wird zu dem Einen oder dem Andern sich gestalten. Entweder werden die Gegner der Sklaverei deren fernere Ausbreitung verhindern, und sie dahin bringen, wo die öffentliche Meinung sich bei dem Gedanken beruhigt, daß sie ihrer Ausrottung nahe ist; oder ihre Vertheidiger werden sie weiter ausbilden, bis sie gleichgesetzlich in allen Staaten, den alten wie den neuen, dem Norden wie dem Süden, ist. Neigen wir nicht zu der letztern Alternative?

Laß Jeden, der daran zweifelt, jene nun fast vollständige, legale Combination — sozusagen ein Stück Maschinerie —, die aus der Nebraska Doctrin und der Dred Scott Entscheitung besteht, aufmerksam betrachten. Laß ihn nicht allein anschauen, welche Arbeit die Maschinerie zu thun im Stande, und wie gut sie dafür eingerichtet ist; sondern laß ihn auch die Geschichte ihrer Erbauung studiren und die damit verknüpft gewesenen bis zur Evidenz klaren Absichten und genau übereinstimmenden Handlungen ihrer Haupt-Erbauer von Anbeginn aufzeichnen, wenn er es vermag, oder vielmehr es unterlassen, wenn er dies zu thun im Stande ist.

Das Neujahr 1854 sah die Sklaverei von mehr als der Hälfte aller Staaten durch Staats-Konstitutionen und von den meisten Nationalterritorien durch das Verbot des Congreßes ausgeschlossen. Vier Tage später begann der Kampf, welcher mit dem Widerrufe jenes congressionellen Verbotes endigte. Dadurch wurden alle Nationalterritorien der Sklaverei geöffnet, und der erste Punkt war gewonnen.

Soweit hatte der Congreß für sich allein gehandelt und eine wirkliche oder scheinbare Bestätigung durch das Volk wurde nun unerläßlich, um den bereits gewonnenen Punkt zu sichern und die Aussicht auf mehr zu eröffnen.

Dies Erforderniß ist nicht übersehen worden, sondern es ward dafür so gut als möglich in dem bemerkenswerthen Argument der „Squatter Souveränität," auch „geheiligtes Recht der Selbstregierung" genannt, Sorge getragen. Obgleich die letztere Phrase der Ausdruck der einzig rechtmäßigen Basis jedweden Gouvernements ist, so wurde sie doch verkehrter Weise hier zu dem frevelhaften Gebrauche benützt, der auf nichts weiter hinauslief, als den Satz zu verfechten: daß wenn irgend ein Mann einen andern zum Sklaven macht, ein dritter hiebei nichts einzureden habe. Dies Argument wurde in die Nebraska Bill mit den folgenden Worten übertragen: „Es ist die wahre Absicht und Meinung dieses Aktes, nicht etwa die Sklaverei in irgend ein Territorium des Staates gesetzlich einzuführen,

noch von demselben auszuschließen, sondern das Volk frei bei Bil=
dung und Anordnung seiner innern Angelegenheiten in der eigenen
Weise walten zu lassen, vorausgesetzt, daß die Vereinigte Staaten
Constitution nicht verletzt werde." Dann erhob sich ein Geschrei
wüster Deklamationen zu Gunsten der „Squatter Souveränität"
und „des geheiligten Rechts der Selbstregierung." „Aber," sagte
die Opposition, „wollen wir nicht die Bill so amendiren, daß sie
ausdrücklich erkläre, die Bevölkerung des Territoriums habe Sklave=
rei auszuschließen?" „Wir nicht," antworteten die Freunde der Maß=
regel; und votirten das Amendement nieder.

Während die Nebraska=Bill durch den Kongreß ging, kam ein
Rechtsfall bei der Vereinigten Staaten Circuit Court für den Distrikt
von Missouri vor, der die Frage der Freiheit eines Negers involvirte,
da der Besitzer dieses Sklaven ihn willkührlich zuerst in einen freien
Staat und dann in ein Territorium, welches durch das Verbot des
Congresses geschützt war, genommen, dennoch aber hier sowohl wie
dort, als Sklaven gehalten hatte. Der Rechtsfall sowohl, wie die
Nebraska Bill, wurden in demselben Monat Mai 1854 zur Ent=
scheidung vorgelegt. Des Negers Name war „Dred Scott," welcher
Name nun die in dieser Sache schließlich gemachte Entscheidung be=
zeichnet. Der Rechtsfall kam damals vor der eben bevorstehenden
Präsidentenwahl vor und wurde in der Supreme Court der Verei=
nigten Staaten verhandelt; die Entscheidung aber legte man bis nach
der Wahl zurück. Noch vor der Wahl fragte Senator Trumbull
im Saale des Senates den parteiführenden Vertheidiger der Nebraska
Bill um seine Meinung, ob das Volk eines Territoriums die Skla=
verei aus ihren Grenzen konstitutionsmäßig ausschließen könne,
worauf die Antwort ertheilt ward: „Das ist eine Frage, die vor die
Supreme Court gehört."

Die Wahl kam. Hr. Buchanan wurde erwählt, und die Annahme,
wie die Sache lag, gesichert. So hatte man den zweiten Punkt ge=
wonnen. Die Annahme des Prinzips jedoch erfolgte kaum durch
eine entschiedene Volksmajorität von nahezu vierhunderttausend
Stimmen und so war dieselbe vielleicht nicht übermäßig zuverlässig
und zufriedenstellend genug. Der bisherige Präsident stellte in seiner
letzten Jahresbotschaft das Gewichtige und Gesetzmäßige der Bestäti=
gung des vor dem Congresse Ausgesprochenen dem Volke gegenüber
wiederholt dar. Die Supreme Court trat wieder zusammen, ver=
kündigte jedoch nicht ihre Entscheidung, ordnete vielmehr eine Wie=
dererwägung an. Die feierliche Einführung des Präsidenten erfolgte
und noch lag keine Gerichtsentscheidung vor; aber der neue Präsi=

dent ermahnte in der bei der Amtsübernahme erlassenen Adresse das
Volk auf das wärmste, bei der kommenden Entscheidung, wie sie auch
ausfallen möge, fest zu verharren. In ein paar Tagen wurde der
Urtheilsspruch veröffentlicht.

Der anerkannte Urheber der Nebraska Bill fand bald Gelegenheit,
über die wichtige Bestätigung in dem Dred Scott Urtel zu sprechen
und aufs heftigste die Opposition anzugreifen. Ebenso konnte der
neue Präsident bei Veranlassung des Silliman'schen Briefes nicht
umhin, sich für die Entscheidung zu erklären, dieselbe aufs genaueste
auseinander zu setzen und sein Erstaunen auszudrücken, daß eine ab=
weichende Ansicht jemals möglich gewesen sei.

Zuletzt entstand ein Hader zwischen dem Präsidenten und dem Ur=
heber der Nebraska Bill über die einfache, thatsächliche Frage, ob die
Lecompton Constitution durch das Volk von Kansas in irgendwie
rechtmäßigem Sinne gemacht worden oder ob dies nicht geschehen sei;
und bei diesem Streite erklärte der Letztere, daß Alles, was er wolle
die ungefälschte Stimmenabgabe des Volkes sei und daß er sich wenig
darum kümmere, ob die Sklaverei nieder oder in die Höh
votirt werde. Es ist mir unverständlich, ob er durch seine Erklärung,
daß ihm ein Nieder= oder Empor=Votiren der Sklaverei gleichgültig
sei, etwas anderes als eine bequeme Auseinandersetzung der Politik,
mit der er die öffentliche Meinung beeinflussen wollte, des Prinzips
beabsichtigte, für welches er so viel gelitten zu haben erklärte und bis
zu seinem Ende zu leiden bereit sei. Und wohl mag er an diesem
Prinzip festhalten. Wohl mag er daran festhalten, wenn er noch
irgendwie väterliche Gefühle hat. Dies Prinzip ist ja der einzige
von seiner ursprünglichen Nebraska Doktrin übriggebliebene Fetzen.
Bei dem Dred Scott Urtel geht die „Squatter Souveränität" auf
die Neige, stürzt zusammen wie ein provisorisches Gerüst, wie die
Form in einer Gießerei, die für einen Guß gedient hat und nun in
losen Sand zerfällt; sie hat bei der Wahl geholfen und zerstiebt nun
in alle Winde. Sein letzter bewegter Kampf mit den Republikanern
gegen die Lecompton Konstitution enthält nichts von der ursprüng=
lichen Nebraska Doktrin. Dieser Streit entstand über einen Punkt
— das Recht des Volkes, seine eigene Konstitution zu machen —
worüber er und die Republikaner ja niemals verschiedener Ansicht
waren.

Die einzelnen Punkte der Dred Scott Entscheidung in Verbindung
mit Senator Douglas' "care not" Politik bildet den letzten Theil
der Maschinerie in ihrem bis dahin vorgeschrittenen Zustande. So

hatte man den dritten Punkt gewonnen. Die eigentlich wirkenden Theile der Maschinerie sind folgende:

Erstens, daß kein Negersklave, gleichviel ob er als solcher von Afrika eingeführt worden oder ein Abkömmling eines derartigen Sklaven ist, jemals Bürger eines Staates in dem Wortsinne sein könne, wie er in der Vereinigten Staaten Konstitution gebraucht wird. Dieser Punkt wurde aufgestellt, um den Neger unter allen Umständen der Wohlthat des in der Vereinigten Staaten Konstitution Vorgesehenen zu berauben, worin erklärt wird, „daß Bürger des einen Staates zu allen Privilegien und Freiheiten der Bürger aller andern Staaten berechtigt sind.‟

Zweitens, daß „der Vereinigten Staaten Constitution gemäß‟ weder der Congreß noch eine Territorial=Legislatur die Sklaverei von irgend welchem Vereinigten Staaten Territorium ausschließen dürfe. Dieser Punkt wurde hingestellt, damit irgend ein beliebiges Individuum die Territorien mit Sklaven anfüllen könne, ohne in Gefahr zu laufen, das Eigenthumsrecht an denselben zu verlieren, durch welches Mittel die Aussichten auf dauernde Permanenz der Institution in steigender Progression vermehrt werden.

Drittens, daß die Entscheidung der Frage, ob das Halten eines Negers als Sklaven in einem freien Staate denselben frei mache, gegen den Sklavenhalter nicht von den Vereinigten Staaten Gerichtshöfen zu entscheiden, sondern den Gerichten irgend eines Sklavenstaates zu überlassen sei, in dessen Bereich der Neger von seinem Herrn gebracht werden könne. Dieser Punkt scheint nicht unmittelbar gefährlich; aber hat man sich darüber für eine Weile beruhigt und ist derselbe von dem Volke bei einer Wahl gutgeheißen worden, so werden die logischen Schlußfolgerungen aufrecht erhalten, wonach das, was Dred Scott's Herr gesetzlich mit Dred Scott thun konnte, in dem freien Staate Illinois jeder andere Sklavenhalter gesetzlich mit einem andern oder tausend Sklaven in Illinois oder in einem andern freien Staate thun darf.

Zur Unterstützung von alle dem und Hand in Hand damit gehend, ist die Nebraska Doctrin, oder was davon übrig geblieben, dazu bestimmt, die öffentliche Meinung — wenigstens die öffentliche Meinung im Norden — so heranzubilden und umzuformen, daß sie sich nicht darum kümmere, ob Sklaverei nieder oder empor votirt werde. Hieraus ersieht man ganz deutlich, wo wir jetzt angelangt sind, und zum Theil auch, wohin wir uns wenden dürften.

Ueber Letzteres werden wir ein klareres Licht erhalten, wenn wir zurückblicken und im Geiste den Lauf der bereits erwähnten histo=

rischen Thatsachen überschauen. Verschiedene Dinge dürften uns
dann weniger dunkel und geheimnißvoll erscheinen, als dies bei
ihrem ersten Auftreten geschah. Das Volk wurde „vollkommen
frei," „nur der Constitution unterworfen" gelassen. Was die Con=
stitution damit zu thun hatte, konnten oberflächliche Beobachter da=
mals nicht erkennen. Jetzt freilich deutlich genug; es war eine
genau construirte Nische, denn das Urtel in der Dred Scott'schen
Sache erschien bald darauf und erklärte, die vollkommene Freiheit
des Volkes sei eben genau genommen überhaupt gar keine Freiheit.
Warum wurde das Amendement, welches ausdrücklich das Recht
des Volkes erklärte, niedervotirt? Das ist jetzt klar genug: sein
Annahme würde die Nische für das Dred Scott'sche Urtel zerstört
haben. Warum wurde die Entscheidung des Gerichtshofes aufrecht
erhalten? Warum wurde selbst eines Senators persönliche Ansicht
bis nach der Präsidentenwahl zurückgehalten? Das ist jetzt ver=
ständlich genug: hätte man sich darüber ausgesprochen, so würde man
dem Argumente vollkommener Freiheit geschadet haben, worauf hin
die Wahl geführt wurde. Warum des scheidenden Präsidenten
Glückwunsch wegen der Bestätigung? Warum der Aufschub mit
der Wiedererwägung? Warum des eintretenden Präsidenten
vorausgehende Ermahnung zu Gunsten der Entscheidung? All'
dies erscheint wie das vorsichtige Schmeicheln und Streicheln eines
feurigen Pferdes, wenn man es besteigen will und fürchtet, daß es
den Reiter abwerfen werde. Und warum die hastige nachträgliche
Gutheißung des Urtels Seitens des Präsidenten und Anderer?
    Wir können nicht unbedingt wissen, ob all' diese so genau in
einander greifenden Thatsachen das Ergebniß früherer Verabredung
sind. Wenn wir jedoch eine Partie zu einem Bau zusammenge=
setzter Balken erblicken, von denen wir wissen, daß einzelne Theile
zu verschiedenen Zeiten und an verschiedenen Orten durch verschie=
dene Arbeiter — Stephen, Franklin, Roger und James z. B. —
vorbereitet wurden, und wenn wir ferner sehen, daß diese Hölzer
genau zusammenpassen, und erkennen, wie sie durchaus den Bau
eines Hauses oder einer Mühle ausmachen, wie alle Zinken und
Fugen vollständig in einander passen und die Längen und Verhält=
nisse der verschiedenen Stücke akurat auf ihren betreffenden Stellen
stimmen, und nicht ein Stück zu viel oder zu wenig — selbst das
Gerüst nicht vergessen worden ist, oder, wenn ein einzelnes Stück
fehlen sollte, die Stelle, wo es hinkommt, doch so vorbereitet ist, daß
es sofort nachträglich ersetzt werden kann, so dürften wir es in solchem
Falle doch für unmöglich erachten, daran zu zweifeln, daß Stephen

und Franklin und Roger und James von Anbeginn im Einver=
ständniß waren und nach einem gemeinsamen Plane oder Risse
arbeiteten, bevor noch der erste Schlag gethan wurde.

Es sollte nicht übersehen werden, daß nach der Nebraska Bill,
die Bevölkerung eines S t a a t e s sowohl wie eines Territoriums
„vollkommen frei,” „nur der Constitution unterworfen” sei. Warum
eines S t a a t s erwähnen? Man beschloß ja ein Gesetz für Ter=
ritorien und nicht für oder über Staaten. Ohne Zweifel unter=
liegt die Bevölkerung eines Staates der Vereinigten Staaten Con=
stitution, und muß es auch sein; aber warum denn dieses Anhängsel
bei einem ausschließlichen Territorialgesetz? Warum wird hier die
Bevölkerung eines Territoriums mit der eines Staates zusammen=
geworfen, und warum werden ihre Beziehungen zur Constitution
als durchaus gleichartig behandelt? Während bei dem Urtel des
Gerichtshofes, Seitens des Oberrichters Taney, in der Dred Scott
Sache und von allen hierbei concurrirenden Richtern ausdrücklich
erklärt wird, daß die Vereinigte Staaten Constitution weder dem
Congreß, noch einer Territorial=Legislatur gestatte, die Sklaverei
von irgend einem Vereinigten Staaten Territorium auszuschließen,
wird von Keinem die Erklärung abgegeben, ob oder ob nicht die=
selbe Constitution einem Staate oder der Bevölkerung eines
S t a a t e s solches erlaube. Möglicherweise ist dies ein blo=
ßes Uebersehen; wer kann jedoch sicher sein, ob, wenn McLean oder
Curtis versucht hätten, die Erklärung der unbeschränkten Macht
einer Staatsbevölkerung herbeizuführen, die Sklaverei aus ihren
Gränzen auszuschließen, ebenso wie Chase und Mace das in Be=
treff der Territorien bei der Nebraska Bill beantragten; — wer
kann, frage ich, sich überzeugt halten, ob ein solcher Antrag nicht in
dem ersten Falle niedervotirt worden wäre, wie es in dem letzten
geschehen ist? Die von Richter Nelson abgegebene Erklärung
spricht sich noch am deutlichsten über die Macht eines Staates in
Betreff der Sklaverei aus. Mehr als einmal nähert er sich dem
Gegenstande und geht dabei genau von derselben Vorstellung aus,
ja bedient sich fast derselben Sprache, wie wir sie in der Nebraska
Bill vorfinden. An einer Stelle sagt er wörtlich: „solche Fälle
ausgenommen, wo die Gewalt durch die Vereinigte Staaten Con=
stitution eingeschränkt ist, wird das Staatsgesetz des Staates in Be=
treff der Sklaverei innerhalb seiner Gränzen maßgebend sein.”
In welchen Fällen die Staatsgewalt durch die Vereinigte Staaten
Constitution derartig begrenzt werde, hat man freilich als offene
Frage behandelt, ganz so wie denselben Punkt in Betreff der Ein=

schränkung der Territorialgewalt bei der Nebraska Bill offen ge=
lassen ward. Stellen wir uns dies und jenes zusammen, so haben
wir wiederum eine ganz niedliche Nuße, die wir in gewiß nicht
langer Zeit mit einer Entscheidung des obersten Gerichtshofes
werden ausgefüllt sehen, welche sich dahin erklärt, daß die Consti=
tution der Vereinigten Staaten einem S t a a t e nicht gestattet,
die Sklaverei von ihren Grenzen auszuschließen. Und dies wird
besonders dann zu erwarten sein, wenn die Lehre, „daß es gleich=
gültig sei, ob Sklaverei nieder oder empor votirt werde,“ der
öffentlichen Meinung sich genugsam assimilirt hat, um hoffen zu
lassen, daß solch’ eine Entscheidung werde aufrecht erhalten werden
können.

Und dieser Entscheidung bedarf jetzt die Sklaverei einzig und allein,
um so gut wie gesetzlich in allen Staaten zu bestehen. Willkommen
oder unwillkommen steht uns eine solche Erklärung bevor, und wird
uns beherrschen, es sei denn die Macht der gegenwärtigen politischen
Dynastie würde vorher von uns überwältigt. Wir träumen so süß
von dem Volke des Missouristaates, daß es im Begriff stehe, seinen
Staat frei zu machen, und wir werden in der Wirklichkeit beim Er=
wachen finden, daß der oberste Gerichtshof Illinois in einen Skla=
venstaat umgewandelt hat. Mit der Gewalt dieser Dynastie den
Kampf zu beginnen und darin zu siegen ist jetzt eine Aufgabe all’
derer, welche dem vollständigen Untergang vorbeugen wollen. Das
haben wir zu thun. Wie können wir es am besten vollbringen?

Da giebt es Einige, die uns öffentlich ihren eigenen Freunden
denunciren, und uns doch schmeichelnd zuflüstern, Senator Douglas
wäre der Mann für uns. Sie möchten uns Alle zusammen haben,
denn es sei ja Thatsache, daß er gegenwärtig einen kleinen Streit
mit dem zeitigen Haupte der Dynastie habe, und daß er mit uns stets
regelmäßig über einen einzigen Punkt votirte, über welchen er und
wir niemals differirt hätten. Sie erinnern uns, daß er ein großer
Mann sei, daß unsere ersten Größen sehr klein wären. Zugestanden!
Aber „ein lebender Hund ist besser als ein todter Löwe.“ Wenn Rich=
ter Douglas auch kein todter, so ist er für unsere Arbeit doch ein ge=
fesselter und zahnloser Löwe. Wie kann er sich gegen die Fortschritte
der Sklaverei auflehnen. Er kümmert sich ja darum durchaus nicht.
Eingestandenermaßen ist seine Mission, die öffentliche Meinung da=
hin zu bringen, sich um nichts zu bekümmern. Eine der lei=
tenden Douglas’schen demokratischen Zeitungen glaubt, daß Douglas’
hervorragendes Talent erforderlich sei, um dem Wiederaufleben des
afrikanischen Sklavenhandels Widerstand zu leisten. Glaubt Dou=

glas, daß Bemühungen zum Inslebenrufen dieses Handels wirklich vorliegen? Er hat sich nicht so ausgesprochen. In der That, denkt er so? Wenn dem so ist, wie könnte er sich dagegen opponiren? Vor Jahren arbeitete er daran, es als ein heiliges Recht weißer Menschen zu beweisen, Negersklaven in die neuen Territorien einzuführen. Könnte er jetzt möglicherweise zeigen, daß es ein weniger heiliges Recht ist, sie da zu kaufen, wo sie am billigsten zu erstehen sind? Und unzweifelhaft können sie in Afrika billiger als in Virginien erstanden werden. Alles was in seiner Macht steht, hat er gethan, die ganze Sklavenfrage auf eine bloße privatrechtliche Eigenthumsfrage zurück zu führen, und hiervon ausgehend — wie kann er sich gegen den fremden Sklavenhandel auflehnen, wie kann er den Handel mit diesem „Eigenthum" als „vollkommen frei" nicht eingestehen, es sei,˙ er thue es denn aus Protektionsrücksichten für das vaterländische Erzeugniß? Da aber die einheimischen Produzenten wahrscheinlich keinen Schutz verlangen, so hat er auch nicht den geringsten Grund,˙ sich gegen den Sklavenhandel aufzulehnen.

Senator Douglas hält, unsers Wissens, dafür, daß Jemand heute füglich weiser sein könne als er es gestern war, daß er ohne Weiteres sich ändern könne, wenn er finde, daß er bisher im Unrecht gewesen. Aber dürfen wir aus diesem Grunde, ihn uns über den Kopf wachsen lassen, und schließen, er werde nach˙irgend einer besondern Richtung sich ändern, wovon er vorher auch nicht die geringste Andeutung gegeben. Können wir unsere Handlungsweise auf solch' eine vague Schlußfolgerung basiren? Jetzt möchte ich ebenso wenig wie je vorher, Richter Douglas' Lage in einer falschen Weise hinstellen, seine Motive ergründen oder irgend etwas thun, was ihn persönlich beleidigen könnte. Sollten wir uns je im Prinzip zu vereinigen im Stande sein, so daß unsere Sache von seinem hervorragenden Talente unterstützt würde, so hoffe ich meinerseits kein fremdartiges Hinderniß dem entgegengestellt zu haben. Es liegt jedoch am Tage, daß er jetzt nicht zu uns gehört — er auch nicht glaubt es zu sein — und nicht verspricht, es jemals zu werden.

Unsere Sache muß demnach den eignen, unzweifelhaften Freunden anvertraut und von ihnen geführt werden, solchen, deren Hände frei, deren Herzen bei dem Werke sind, denen das Resultat „nicht gleichgültig" ist. Vor zwei Jahren zählten die Republikaner dieses Volkes über dreizehn hundert Tausend in ihren Reihen. Dies war unter dem einfachen Impulse des Widerstandes gegen eine gemeinsame Gefahr, wobei alle äußere Umstände ungünstig einwirkten. Aus fremden, zwieträchtigen und selbst feindlichen Elementen recrutirten wir uns nach allen vier Winden, bildeten uns aus und kämpften den Kampf unter dem anhaltenden Feuer eines disciplinirten stolzen und übervollen Feindes. Boten wir alle dem damals die Spitze, um jetzt zu wanken? — jetzt, wo derselbe Feind eine Schwenkung macht und uneinig ist? Das Resultat steht nicht zu bezweifeln. Wir werden nicht fallen — wenn wir fest stehen; wir werden nicht fallen. Verständige Rathschläge werden den Sieg rascher, Mißverständnisse langsamer herbeiführen; ob früher oder später jedoch — der Sieg ist sicherlich unser.

Rede Lincoln's,

gehalten zu Springfield 17. Juli 1858.

Mitbürger! Eine für überaus wichtig erachtete Wahl steht uns bevor, und ich glaube, die republikanische Partei wird ohne große Schwierigkeiten die Liste ihrer Staatskandidaten aufstellen. In Betreff der Legislatur aber befinden wir Republikaner uns in mißlichen Verhältnissen. Zuvörderst haben wir eine Legislatur auf Grund des für unsere Repräsentation vor mehreren Jahren schon hergerichteten Vertheilungsmodus zu erwählen, wonach im Vergleich zum Norden das Verhältniß der südlichen Bevölkerung viel größer als gegenwärtig ist. Insofern nun, als unsere Opponenten fast ausschließlich im Süden vorherrschen und wir eine entsprechend große Majorität im Norden haben, ist die Thatsache, daß wir zur Zeit ebenso repräsentirt als vor Jahren, wo die Bevölkerung weitaus verschiedener war, für uns ein äußerst ungünstiger Umstand. Im Jahre 1855 wurde, auf Grund eines Gesetzes, der Census oder die Zählung der Einwohner behufs einer neuen Repräsentationsvertheilung vorgenommen. Wir wissen, was eine ehrliche Vertheilung in Folge dieses Census ausgegeben haben würde. Wir wissen, daß, wenn dabei aufrichtig zu Werke gegangen wäre, die republikanische Partei sechs bis zehn Mitglieder mehr in die Legislatur hätte schicken können, als sie es nach der gegenwärtigen Lage des Gesetzes wahrscheinlich zu thun im Stande ist. So kam es, daß bei der letzten Session der Legislatur unsere Opponenten, die die Controle beider Branchen des gesetzgebenden Körpers in Händen hatten, auf's entschiedenste ablehnten, uns einen solchen Antheil der Repräsentation zu gewähren, wie wir weitaus, auf Grund des schon genommenen Census, zu erhalten berechtigt waren. Die Legislatur weigerte sich beständig, uns solchen Antheil zu überlassen, wie wir in Folge der von der Bevölkerung des Staates aufgenommenen Zählung zu fordern das Recht hatten. Die Legislatur wollte hierüber keine Bill passiren lassen, wenigstens nur eine solche, die für uns ebenso ungünstig als die alte war und wo u. A. in zwei Fällen, zwei Stimmen in den demokratischen Bezirken gegen drei in den republikanischen Gegenden einen Abgeordneten zu wählen hatten. Eine Vergleichung wurde damals zwischen den Repräsentativ= und Senatorial=Distrikten gemacht und damit dargethan, daß sich die Verhältnisse in der That so verhielten. Solch' eine Bill passirte das Haus und wurde dem republikanischen Gouverneur zur Vollziehung vorgelegt, aber hauptsächlich aus den angeführten Gründen verweigerte er seine Zustimmung, und die Bill fiel, ohne zum Gesetz zu werden.

Ein ferneres Mißverhältniß, unter dem wir zu leiden haben, ist, daß einer oder zwei demokratische Senatoren da sind, welche sich zu Mitgliedern der nächsten Legislatur wählen lassen wollen, und für die Senatorwahl votiren werden, dadurch aber die Oberhand in Distrikten haben, in welchen, nach jeder vernünftigen Berechnung, wir ein Mitglied unserer Partei hätten wählen können, wenn wir nur Gelegenheit hätten eine Wahl vorzunehmen. Ziehen wir in Betracht, daß es nur fünf und zwanzig Senats-Mitglieder giebt, von denen zwei der Seite entnommen sind, welcher sie rechtmäßig angehören, und der anderen zugefügt wurden, so ist das für uns ein Mißverhältniß, welches nicht so leichthin übersehen werden darf. Die Sache befindet sich jetzt noch in derselben Lage; wir haben sie auszukämpfen. Vielleicht dürfen wir uns unsererseits nicht beklagen. Denn trotz der Voraussicht so vieler Dinge, wie sie mit den letzten allgemeinen Wahlen zum Präsidenten, Gouverneur, Auditeur, Schatzmeister, Superintendent des öffentlichen Unterrichts, zu den Mitgliedern des Congresses und der Legislatur, zu den County=Beamten u. s. f., verknüpft waren, ließen wir alles ohne genügende Aufmerksamkeit seinen Weg gehen; wir haben also in dieser Beziehung über unsere Gegner uns nicht zu beklagen. Dagegen liegt reichliche Ursache da vor, wo man sich weigerte, uns eine gerechte Vertheilung der Wahl= distrikte zuzugestehen.

Auf einen weitern unglücklichen Umstand der auf uns lastet, will ich nun Ihre Aufmerksamkeit hinwenden. Er entsteht aus den bezüglichen Verhältnissen zweier Personen, die sich als Kandidaten für den Senat dem Staate vorgestellt haben. Senator Douglas ist von weltbekanntem Rufe. Alle eifrigen Anhänger seiner Partei oder die hierzu vor Jahren gehörten, haben auf ihn als ein Mann gesehen, der in gewiß nicht ferner Zukunft, Präsident der Vereinigten Staaten sein werde. Sie sahen in seinem runden, fröhlichen, verheißungsvollen Antlitz Postmeisterstellen, Landämter, Marschallschaften und Anstellungen im Kabinet, Beamtenposten und fremde Missionen hervorbrechen und emporblühen in wunderbarer Fruchtbarkeit, bereit, von ihren gierigen Händen erfaßt zu werden. Und da sie an dies anziehende Gemälde so lange Zeit lauernde Blicke geworfen haben, können sie bei der kleinen Verwirrung, die jetzt in der Partei Platz gegriffen hat, sich selbst zur Aufgabe dieser reizenden Hoffnungen nicht bestimmen; mit gierigerem Eifer vielmehr rücken sie auf ihn los, halten ihn, bringen ihm feierliche Aufzüge, triumphirende Entrées und bereiten ihm einen Empfang, der weitaus Alles übertrifft, was sie selbst in den Tagen seiner höchsten Prosperität, ihm zu seinen Gunsten hätten darbringen können. Dagegen hat Niemand erwartet, mich je als Präsident zu sehen. In meinem armen, mageren, schlaffen Antlitz, hat niemals Jemand gesehen, daß irgend ein Kohlkopf daraus hervorgesprossen wäre. Das sind allerdings Nachtheile unter denen insgesammt die Republikaner zu leiden haben. Wir haben diese Schlacht mit Prinzipien auszufechten, und mit Prinzipien allein. Ich bin in einem gewissen Sinne als Standartenträger im Dienste der Republikaner ernannt worden. Ich ward hiezu blos deshalb erwählt, weil doch Jemand dastehen mußte, denn keineswegs bin ich irgend einem der Fünfundzwanzig vorzuziehen, vielleicht haben wir ein Hundert in den republikanischen Reihen. Denn ich wiederhole: Deutlich wünsche ich verstanden zu sein und dem Geiste gar wohl einzuprägen, daß wir diesen Kampf ohne viele — vielleicht ohne alle — jener äußerlichen Hülfsmittel auszukämpfen haben, welche uns gegenüber in den feindlichen Reihen auftreten. So hoffe ich denn, daß Diejenigen, von welchen ich umgeben bin, Charakter genug besitzen, sich selbst für die Aufgabe zu kräftigen, und nichts zu unterlassen, was redlicherweise geschehen kann, um uns zu dem richtigen Endziele zu führen.

Nachdem Senator Douglas Washington verlassen hatte, verweilte er, so viel man hierüber durch die öffentlichen Blätter erfahren, eine beträchtliche Zeit lang in der Stadt New-York; und es wurde verkündet, er läge dort gleich einem zweiten Napoleon vor Anker, und arbeite seine Feldzugspläne aus. Man telegraphirte es nach Washington und veröffentlichte in der Union, daß er beabsichtige, nach Illinois zu gehen, und über die verrätherische und zwiespalterregende Rede vernichtend herzufallen, welche Lincoln dort am 16. Juni gehalten habe. Nun glaube ich in der That, daß der Richter einige Zeit in New-York zur Heranbildung des Campagne-Planes verweilte, wie seine Freunde feierlichst vorher verkündeten. Ich habe durch Beobachtung dessen, was er seit seiner Ankunft in Illinois that, vermocht, auf das evidenteste die Bestätigung dieser Annahme zu entdecken. Ich denke, daß ich im Stande gewesen bin, zu erkennen, welches die wesentlichen Punkte dieses Planes sind. Für eine kurze Zeit wünsche ich Ihre Aufmerksamkeit auf einige derselben zu lenken. Was ich hervorheben werde, ist, obgleich nicht ein Bild des ganzen Planes, doch, wie ich annehmen darf, das wesentlichste desselben.

Die einzelnen Punkte sind nicht sehr zahlreich. Der erste besteht in der Volks-Souverainität. Der zweite und dritte sind Angriffe auf meine am 16. Juni gehaltene Rede. Aus diesen drei Punkten — wobei die Frage der Lecompton-Konstitution mit in die Reihe der Volks-Souverainität gezogen wurde — machte er seine Haupt-Angriffe. Hierüber verbreiten sich seine aufeinanderfolgenden Reden im Wesentlichen in einer und derselben Weise. Ueber den Gegenstand der Volkssouverainität wünsche ich mich mit einiger Sorgfalt zu verbreiten. Als Unterstützung dieser Hauptpunkte dienen sicherlich der Kanonendonner, die feierlichen Aufzüge und Musik, die Illuminationen und Feuerwerke; damit will ich jedoch keine Zeit verlieren. Das ist nur der kleine Paradeschmuck der Campagne.

Kommen wir zur Sache selbst — dem ersten Punkt — der „Volks-Souverainität." Sie ist das Aushängeschild an den Eisenbahnwagen, in welchen er reist; sie steht auf den Miethkutschen, in denen er herumfährt; sie brüstet sich auf den Ehrenpforten, unter welchen er daherschreitet und auf den Fahnen, die vor ihm hin wehen. Sie wird in so viel verschiedenen Arten aufgetischt, wie ein französischer Koch Kartoffelsuppen machen kann. Da sie nun ein so bedeutungsvoller Artikel des Campagne-Planes ist, so dürfte ihre sorgfältigere Prüfung wohl einigen Werth haben, und wenn wir nur ein klein wenig untersuchen, und uns hierbei nicht irre leiten lassen, so werden wir bald erkennen, daß die ganze Geschichte der heilloseste Don Quixotismus ist, der jemals vor der Oeffentlichkeit aufgeführt wurde. Was ist der Gegenstand der Volks-Souverainität? Zu ihrer Verständniß ist zuvörderst eine gute Definition dessen erforderlich, was sie bedeutet, um dann sehen zu können, wie man sich ihrer bedient.

Ich nehme an, daß wohl ein Jeder wissen wird, wie Alles, was bei dieser Kontroverse gesagt worden, auf die Negersklaverei Bezug nimmt. Wir haben niemals das Recht des Volkes zur Selbstregierung in den gewöhnlichen Gegenständen innerer Beziehungen, bei Staaten und Territorien bestritten. Hr. Buchanan behauptet mit Nachdruck bei einer seiner letzten Botschaften (ich glaube als er die Lecompton-Konstitution zuschickte), daß der hauptsächlichste Punkt, auf welchen die öffentliche Aufmerksamkeit gerichtet gewesen, nicht die mannigfache Menge kleiner innerer Angelegenheiten betraf, sondern die Frage der Negersklaverei in sich schlösse; und er versichert, daß, wenn das Volk offen Gelegenheit gehabt hätte, über diese Frage abzustimmen, kein vernünftiger Grund vorläge in Betreff der geringeren Fragen einen Einwand zu erheben.

Obgleich nun aber das Volk keine direkte Veranlassung zur Entscheidung über die Sklavenfrage gegeben noch erhalten hat, so würde dennoch, wenn diese Hauptfrage der Volksabstimmung unterbreitet worden wäre, die Vorlage des Präsidenten in vollkommener Ordnung gewesen sein. Wenn ich demnach für die Folge von Volks-Souverainität spreche, bitte ich dies bei Allem was ich sage, nur als auf die Sklaverei-Frage bezüglich, nicht aber als im Zusammenhange mit anderen kleinen innern Angelegenheiten eines Territoriums oder Staates anzusehen.

Will Richter Douglas, wenn er sagt, er habe mehrere Jahre seines Lebens der Frage der „Volks-Souverainität" gewidmet, und der Rest seines Daseins sei ihr ebenfalls geweiht, damit aussprechen, er habe sein Leben aufgeopfert, dem Volke der Territorien das Recht zu sichern, die Sklaverei von ihren Grenzen zu verbannen? Wenn er meint, das erklärt zu haben, so beabsichtigt er uns zu betrügen, weil er und Jedermann weiß, daß die Entscheidung des obersten Gerichtshofes, welche er anerkennt und zu einem speziellen Angriffspunkte gegen meine Person macht, der ich sie verwerfe, dem Volke eines Territoriums geradezu verbietet die Sklaverei auszuschließen. Das geht von der ersten Ansiedlung eines Territoriums an, bis zur Erreichung des Grades der Reife, welche die Bevölkerung desselben berechtigt eine Staats-Konstitution anzunehmen. In Betreff von alledem, hält der Richter also die Volks-Souverainität nicht aufrecht, sondern opponirt ihr auf das entschiedenste. Er tritt dem Urtel bei, welches erklärt, daß der Volkswille in den Territorien keine konstitutionelle Macht habe die Sklaverei während ihrer Territorial-Existenz auszuschließen. Sonach also ist die Zeitperiode von der ersten Ansiedlung eines Territoriums bis zum Erreichen der Bildung einer Staats-Konstitution der Gegenstand nicht, welchen der

Richter verficht oder für den er kämpft, sondern im Gegentheil, er hat dafür gefochten und kämpft noch dafür, daß diese selbe Volks-Souverainität zu nichts werde, und in Stücken zerfalle.

Wohlan denn, was bleibt, nachdem über so Vieles disponirt worden, übrig? Warum kämpft er für das Recht des Volkes, die Staats-Constitution, wie es ihr am besten scheine, selbstständig zu entwerfen? Ich sage wiederum, das ist Don Quixoterie. Ich biete dem Widerspruche Trotz, wenn ich behaupte, daß der Richter Niemanden finden wird, ihm bei dieser Gelegenheit zu opponiren. Ich wiederhole, daß Niemand da ist, der sich dem Antrage im Prinzip entgegenstelle. Versteht mich nicht falsch. Ich weiß, daß ich mit Bezug auf die Lecompton-Constitution mißverstanden werden kann; aber wenn Ihr mich richtig erfaßt, wird das, was ich sagte, auch klar und richtig erscheinen. Niemand opponirt oder hat opponirt gegen das Recht des Volkes bei der Bildung einer Constitution, sie für sich selbst festzustellen. Herr Buchanan und seine Freunde haben es nicht gethan; sie sowohl als die Republikaner und die Anti-Lecompton Demokraten thaten es nicht; sondern im Gegentheil, sie insgesammt haben auf dem Recht des Volkes bestanden, eine Constitution für sich selbst zu bilden. Die Differenz zwischen den Buchanan-Leuten einerseits und den Douglas-Männern, sowie den Republikanern andererseits ist nicht eine Frage des Prinzips, sondern eine solche der Thatsachen gewesen.

Der Streit entstand über die thatsächliche Frage, ob die Lecompton-Constitution durch das Volk unparteilich gebildet worden oder nicht. Hr. Buchanan und seine Freunde haben ebenso wenig für das entgegengesetzte Prinzip gekämpft, als die Douglas-Männer und die Republikaner. Sie bestanden darauf, daß, was immer von kleinen Unregelmäßigkeiten beim Entwurf der Lecompton-Constitution auch existirte, dies doch nur solche wären, wie sie bei der ersten Entstehung aller neuen Territorien vorkämen. Die Frage war: was ist ein wahrer Ausdruck des Volkes? Es war dies eine Thatsachen-, und nicht eine Prinzipienfrage. Ueber das Prinzip waren alle einig, Richter Douglas stimmte mit den Republikanern über den thatsächlichen Gegenstand.

Er sowol wie sie verneinten durch ihre Abstimmungen und Voten, daß es ein wahrer Meinungsausdruck des Volks gewesen sei. Die Administration dagegen sprach sich zustimmend aus. Mit Rücksicht auf die thatsächlichen Verhältnisse und die aus denselben hervorleuchtende Evidenz erkläre ich gern, daß Richter Douglas und die Republikaner das Recht auf ihrer Seite hatten und daß die Administration im Unrecht war. Wiederum hebe ich aber hervor, daß über die Prinzipienfrage in Betreff der Bevölkerung eines Territoriums, welches in einen Staat sich umwandele und die Constitution für sich selbst ohne jedweren fremden Einfluß endgültig zu beschließen habe, gar keine Meinungsverschiedenheit herrschte. Da nun dem so ist, wofür will denn Richter Douglas sein Leben opfern? Will er sein Leben in Aufrechthaltung eines Prinzips verbringen, das Niemand auf Erden anzweifelt? Will er in majestätischer Würde empor sich richten, daher schreiten in Selbstvergötterung und ein Gott werden — in der Verfechtung eines Grundsatzes, das weder Mann noch Maus in der ganzen Gottesschöpfung jemals angegriffen hat? Jetzt etwas Näheres über die Lecompton-Constitution; denn ich verlasse nun die Frage der „Volkssouverainität" als den kolossalsten Humbug, der jemals einem Gemeinwesen gegenüber gewagt wurde.

In Betreff der Lecompton-Constitution habe ich bereits erwähnt, daß über die thatsächliche Frage, ob sie der wahre Ausdruck der Willensmeinung des Volkes gewesen oder nicht, Richter Douglas mit den Republikanern und einigen Amerikanern im verneinenden Sinne auf das entschiedenste sich ausgesprochen habe; und indem ich dies wiederholt erkläre, möchte ich wissen, was denn bei Richter Douglas' Opposition gegen die Lecompton-Constitution den Opponenten berechtige, sich als den einzigen Widersacher, als die Quintessenz par excellence in dieser Angelegenheit zu betrachten. Ich stimme der Rechtmäßigkeit seiner Opposition vollkommen bei. Im Senate war er jedoch in Verbindung mit seinen Anhängern in keiner größern Anzahl, als drei vereinigt. Im Repräsentantenhause mochte seine Partei — die Anti-Lecompton Demokraten — etwa zwanzig zählen. Mit einhundert und zwanzig gegen zweihundert und zwölfe wurde die Maßregel beseitigt. Von jenen einhundert und zwanzig Stimmen lieferten Douglas' Freunde zwanzig; dazu kamen sechs Amerikaner und vierundneunzig Republikaner. Ich will nicht sagen, daß diese Zahlen vollkommen genau sind; sie genügen mir aber für meinen Zweck.

Warum sollen nun zwanzig zu dem Ruf, das Werk gethan zu haben, berechtigt sein und die Hundert nicht? Warum, wenn, wie Richter Douglas sagt, die Ehre getheilt ist und schuldige Anerkennung den andern Parteien gezollt wird, warum wird gerade nur so viel gegeben, als mit den Wünschen, den Interessen und der Beförderung jener zwanzig übereinstimmt? Meiner Meinung nach habe ich bei einer gemeinschaftlichen Arbeit oder gemeinschaftlichen Unternehmung das Recht, wenn ich fünf Dollars einschoß, auf meinen Theil auch fünf Dollars herauszunehmen. Aber er versteht die Sache anders. Er nimmt die Credits=Dividenden=Vertheilung für die Lecompton Niederlage nach nie dagewesenen und vollaus unverständlichen Grundsätzen vor.

Laßt uns das näher betrachten. Lecompton ward in seiner ursprünglichen Form beseitigt. Sie kam, gewissermaßen als gekochtes Gericht, und zwar in der Englischen Bill wieder vor. Der Richter sagt, die Niederlage wäre eine gute und gerechte Sache. Wenn sie nun ein gutes Ding gewesen, warum ist er denn zu mehr Anerkennung als alle Andern für Ausführung dieser guten That berechtigt, es sei denn daß in den Antecedentien der Republikaner etwas läge, daß Jedermann zu der Erwartung berechtigen müßte, sie bei dem guten Werke verbunden zu sehen, während andrerseits gleichzeitig der Zweifel nicht zu unterdrücken gewesen, ob er sich dazu entschließen würde? Gründet er seinen höhern Anspruch auf Anerkennung darauf, daß er eine gute Handlung vollbrachte, die man von ihm niemals erwartete? Er sagt, daß ihm eine Neigung inwohne, Bibelsprüche anzuführen. Wenn ich das thun wollte, so müßte mir beifallen, daß er sich vielleicht so ein wenig in die Parabel des verlorenen Schafes versetze, welches sich auf den Bergen verirrt hatte. Als nun der Eigenthümer von hundert Schafen dies eine fand, das verloren war und es auf die Schultern warf und erfreuet nach Hause kam, so soll dort mehr Freude über das eine Schaf gewesen sein, was verloren war und wieder gefunden wurde, als über die neun und neunzig in der Heerde. Die Anwendung dieser Parabel wird von dem Erlöser so erklärt: „Wahrlich ich sage Euch, es ist mehr Freude im Himmel über einen Sünder, der Buße thut, als über neun und neunzig Gerechte, die der Buße nicht bedürfen."

Wenn der Richter jetzt den Gewinn dieser Parabel beansprucht, — laßt ihn Buße thun. Laßt ihn aber nicht herkommen und sagen: „ich bin der einzige Gerechte und Ihr seid die neun und neunzig Sünder." Reue muß der Vergebung vorausgehen, — das ist eine Bedingung der christlichen Lehre, und unter dieser Bedingung allein wollen die Republikaner ihm Vergebung zusichern.

Wie will er beweisen, daß wir jemals eine andere Stellung der Lecompton=Constitution oder irgend einem Grundsatze in derselben gegenüber eingenommen haben? Er sagt, daß seine Opposition nicht darauf beruhe, ob es eine freie oder Sklaven Constitution gewesen, womit er zu verstehen geben wollte, daß die Republikaner nur deshalb opponirten, weil sie schließlich eine Sklaven=Constitution wurde.

Um hierbei einen Beweis zu seinen eignen Gunsten abzulegen, erinnert er uns, daß er bereits Lecompton opponirt habe, bevor darüber abgestimmt war, ob der Staat ein freier oder ein Sklavenstaat werden solle. Er vergißt aber hinzuzufügen, daß unser republikanischer Senator Trumbull eine Rede gegen Lecompton hielt, bevor er es noch that.

Warum opponirte er? Zum Theil — nach seiner eigenen Erklärung — weil die Mitglieder der Convention, welche die Constitution beschlossen, nicht auf richtige Weise von dem Volke gewählt worden waren; weil dem Volke nicht gestattet war, seine Stimmen abzugeben, bevor es registrirt worden, alsdann jedoch die Bevölkerung ganzer Countis in mehrerern Fällen nicht registrirt war. Aus diesen Gründen erklärt er, die Constitution wäre nicht ein wahrer Ausdruck des Volkes. Als einen fernern Einwand berührt er noch das Verfahren bei Zurückreichung der Constitution an das Volk. Seine Rede darüber, ob die Abgeordneten in richtiger Weise gewählt worden, hielt er vor mehr als zwölf Monaten und ist dieselbe gegenwärtig von Wichtigkeit geworden. Sie wurde kurz vor der Wahl der Abgeordneten zur Lecompton=Constitution gehalten. In dieser Rede erklärt er, daß man allen Grund zu hoffen und zu glauben habe, die Wahl werde ehrlich vor sich gehen und wenn irgend Jemand seine Stimme abzugeben unterließe, so müßte dies als seine eigene Schuld erachtet werden.

Ein Paar Tage darauf beantwortete ich gewissermaßen diese Rede. In dieser Erwiderung legte ich in gedrungenen Worten die Gesammtgründe dar, mit welchen er seine Lecompton=Gegner im Senate während des letzten Winters bekämpft hatte. Ich hob die Thatsachen hervor, daß das Volk nicht stimmen konnte, ohne vorher registrirt zu sein und daß die Zeit zur Registrirung vorüber gegangen sei. Ich fügte hinzu, wie man sich wundern müsse, daß Richter Douglas mit diesen Thatsachen nicht bekannt gewesen, die doch jeder andere Bürger unsers Volks gar wohl wußte.

Ich verlasse nun Volks=Souverainität und Lecompton=Constitution. Vielleicht erhalte ich Gelegenheit, auf das Eine oder Beides zurück zu kommen.

Als er, gleich Napoleon, seinen Feldzugsplan in New=York verlegte, schenkte er, wie aus zwei Reden hervorgehen dürfte, die ich ihn nach seiner Ankunft in Illinois halten hörte, besondere Aufmerksamkeit meiner am 16. Juni gehaltenen Rede. Wie er sagt, habe er diese Rede aufmerksam gelesen. Er theilte uns das zu Chicago vor einer Woche am letzten Abende mit und er wiederholte es zu

Bloomington am letzten Abend. Ohne Zweifel wiederholte er es auch heute, obgleich ich es nicht gehört habe. Auf den beiden ersten Stellen — Chicago und Bloomington — vernahm ich es. Er sagt, daß er sorgfältig jene Rede geprüft hätte, wann, sagte er nicht; aber es liegt kein vernünftiger Grund vor, daran zu zweifeln, daß es geschah, als er zu New=York seinen Campagneplan ausarbeitete. Ich bin recht erfreut darüber, daß er sie aufmerksam las. Er sagt, sie wäre ersichtlich mit großer Sorgfalt vorbereitet. Ich gestehe offen zu, daß dem so ist. Ich beanspruche nicht freier von Irrthümern zu sein als Andere, — vielleicht kaum so viel; aber ich war mit Auf= merksamkeit bedacht, nicht irgend etwas Thatsächliches oder besonders Wichtiges in die Rede einzubringen, was nicht wahr schiene und durchaus verläßlich wäre. Hätte ich irgend einen Irrthum begangen, so war ich willig, mich corrigirt zu sehen; hätte ich irgend eine falsche Schlußfolgerung in Betreff des Richter Douglas oder irgend einer andern Persönlichkeit gezogen, die sich als nicht gerechtfertigt heraus= stellte, so war ich auf eine Abänderung im Momente der Auffindung vollkommen vorbereitet. Ich stützte mich auf die Wahrheit, und die Wahrheit allein, soweit ich sie kannte, oder mit ihr bekannt gemacht wurde.

Da ich diese Rede mit den wohlwollendsten Empfindungen für Richter Douglas gehalten und in dieser Weise auch mich ausgedrückt hatte, vernahm ich mit Zufriedenheit, daß er sie aufmerksam geprüft und weder einen thatsächlichen Irrthum, noch irgend welche Folge= rungen, noch falsche Darstellungen, über welche er sich hätte beklagen können, darin gefunden hatte. An keiner Stelle seiner vorhin er= wähnten Reden sprach er eine Beschwerde aus. Ich würde einem Jeden dankbar sein, der mich unterrichtete, wenn in seiner heutigen Rede irgend etwas als irrig von dem hervorgehoben worden, was ich über ihn gesagt habe. Ich bilde mir ein, es sei nichts davon vor= handen. Mit Grund kann ich über die bei dieser Rede verwendeten Sorgfalt und Vorsicht zufrieden sein, da er jetzt, der doch von Allen am meisten bei der Entdeckung von Irrthümern interessirt wäre, nicht im Stande gewesen ist, einen einzigen Punkt hervorzubeben, von dem er sagen könnte, daß er unrecht sei. Er greift die Doctrinen an, welche, wie er wähnt, in jener Rede enthalten sind, und gegen die er erklärte, als Streitpunkte dieser Campagne sich wenden zu wollen. Dann führt er Stellen aus meiner Rede an oder versucht es, zu thun. Ich will nicht sagen, daß er absichtlich falsch citirt habe, aber er unter= läßt es, genau wiederzugeben. Sein Citationsversuch bezieht sich auf eine Stelle, von der ich glaube, sie genau aus dem Gedächtniß wiedergeben zu können. Ich werde sie, wie ich eben gesagt habe, nun citiren und einige Erläuterungen dazu fügen, damit der Richter durchaus ohne Entschuldigung bleibe, mich falsch zu verstehen. Ich thue das jetzt, wie ich hoffe, zum letzten Male. Ich thue es mit großer Vorsicht, damit, wenn er seine falschen Darstellungen wieder= holt, es Allen klar werde, daß es absichtlich geschehen sei. Wenn, nach alledem, er dennoch darauf besteht, so werde ich gezwungen sein, den Gang zu ändern, den ich mir bis jetzt vorgezeichnet habe und mich für einen neuen Lauf der Dinge niedriger Hülfsmittel bedienen, wie sie für die thatsächlichen Erfordernisse der Sache besser geeignet sind. Ich begann diese Campagne mit dem Vorsatze, sie auf das stricteste als Gentleman, dem Wesen nach wenigstens, wenn auch nicht in der äußern Glätte, durchzuführen. In Bezug auf das Letz= tere werde ich es niemals sein, aber was den innern Gehalt eines Gentleman's anbetrifft, den hoffe ich zu verstehen und nicht weniger geneigt zu sein in Ausführung zu bringen, als Andere. Es war mein Vorsatz — und so erwartete ich es auch — daß diese Wahl= bewerbung mit Grundsatz und Ehrlichkeit von beiden Seiten werde durchgeführt werden, und es soll nicht meine Schuld sein, wenn diese Absicht und Erwartung unerfüllt bleibt.

In der Sache selbst beschuldigt er mich, daß ich zu einem Sektions= kampfe anrege, daß ich vorschlage, alle Lokal=Institutionen der ver= schiedenen Staaten sollen vereinigt und gleichmäßig werden. Was habe ich in jener Rede gesprochen, das einen solchen Vorschlag ent= hielte oder dahin gedeutet werden konnte? Ich habe mich immer und immer dahin erklärt, daß ich in keinen der Staaten eindringen wolle, um dort das Sklaverei=Institut zu stören. Richter Douglas meint, in Bloomington hätte ich mich äußerst geschickter und ingenieuser Worte bedient, um meine eigentlichen Gedanken zu verhehlen; und daß, während ich dagegen protestirte, in die Sklavenstaaten einzu= dringen, ich nichts destoweniger die Absicht hätte, mich an die Ufer des Ohio zu begeben und Wurfgeschosse nach Kentucky zu werfen, um in den dortigen heimathlichen Institutionen Aufruhr hervor zu rufen.

Ich erwähnte es in jener Rede, und war in meinem Innern noch mehr davon überzeugt, daß das Sklaverei=Institut durchaus in die Lage gebracht werden solle, wohin die Gründer dieser Regierung es gestellt und verlassen hatten. Ich meine nicht, daß die Errichter un= serer Constitution das Volk der freien Staaten in der Stellung ließen, Bomben oder Granaten nach den Sklavenstaaten hinzufeuern. Ich habe diese Stelle nicht für den Zweck gebraucht, wie er es folgerte,

daß es meinerseits geschehen sei. Ich sagte: „wir befinden uns
bereits im fünften Jahre, seit eine Politik mit der anerkannten Ab=
sicht und mit dem vertrauensvollen Versprechen begonnen ward, der
Sklavereibewegung ein Ende zu machen. Unter dem Einfluß dieser
Politik hat jene Bewegung nicht nur nicht aufgehört, sondern sich
anhaltend verstärkt. Meiner Ansicht nach wird sie nicht eher endigen,
als bis wir eine Krisis erreicht und überwunden haben. „Ein in sich
selbst gespaltenes Haus kann nicht standhalten." Ich glaube, daß
dies Gouvernement — halb sclavenschützend, halb frei — nicht lange
bestehen kann. Alles wird sich zu dem Einen oder dem Andern ge=
stalten. Entweder werden die Opponenten der Sklaverei deren fer=
nere Ausbreitung verhindern und dahin bringen, wo die öffentliche
Meinung sich bei dem Glauben beruhigt, daß das Institut in seinen
letzten Zügen liege, oder seine Vertheidiger werden es weiter ausbil=
den, bis daß es in allen Staaten, alten sowol, wie neuen, im Nor=
den sowohl, als im Süden gleichmäßiges Gesetz sein wird.

Aus diesem Citat werden Sie nun erkennen, daß ich darin keinen
Wunsch über irgend etwas ausgedrückt habe. In dieser Stelle
führte ich weder einen Wunsch, noch Vorsatz meinerseits an; ich sprach
einfach aus, was ich erwartete. Ist der Richter denn außer
Stande, einen Unterschied zwischen Vorsatz und Erwartung zu
finden? Oft habe ich gesagt, daß ich zu sterben erwarte, aber nie=
mals mich dahin erklärt, daß ich zu sterben wünschte. In Chi=
cago führte ich an und wiederhole es jetzt, daß mir sehr wohl bekannt
sei, wie diese halb sklavische, halb freie Regierung seit 82 Jahren be=
stehe. Ich verstand dies kleine Bischen von der Geschichte. Ich
sprach meine Meinung aus; ich that es, weil ich wahrnahm oder
wahrzunehmen dachte, daß eine Reihe neuer Umstände aufgetreten
wäre. Zu Chicago sagte ich in meiner dort gehaltenen Rede, daß
ich die Ausbreitung der Sklaverei eingeschränkt und dahin gebracht
zu sehen wünschte, wo die öffentliche Meinung bei dem Glauben sich
beruhigen könnte, daß dieselbe auf dem Wege einer baldigen Ausrot=
tung begriffen sei. Ich sprach mich in dieser Weise aus, weil ich
annahm, daß wir, sobald sich die öffentliche Meinung auf einen sol=
chen Glauben stützen könnte, in Betreff der Sklavenfrage endlich
Ruhe haben würden. Ich habe es geglaubt — und glaube es noch
— daß bis zur Einführung der Nebraska=Bill die öffentliche Mei=
nung in solchem Vertrauen Beruhigung fand.

Obgleich ich stets gegen die Sklaverei gekämpft habe, war die Hoff=
nung und der Glaube, daß dieselbe einem baldigen Verlöschen ent=
gegengehe, in mir lebendig. Aus diesem Grunde erschien sie mir

stets als eine Frage geringerer Bedeutung. Mögli
mich mißverstanden, aber ich hatte geglaubt, und gl
die gesammte öffentliche Meinung, d. h. die Mei
Majorität zu jener Hoffnung bis zu dem Widerr
Compromisses sich hinneigte. Nach diesem Ereign
ich mich, daß ich mich entweder in eine Täuschu
eingewiegt hatte, oder daß das Institut im Begriff
neuen Basis errichtet zu werden, einer Grundlage,
nal und allgemein machen wird. Mit jener Bill
rung für die Sklavenzwecke an. Davon ausgehe
Frage seitdem als eine äußerst wichtige angesehen.
hend dachte ich, die öffentliche Meinung werde ni
bis entweder die Macht des Congresses, der Sklav
entgegenzustellen, wieder Anerkennung finde und au
jeglicher Widerstand durchaus vernichtet und besei
solche Ansicht sprach ich aus, und bin auch diesen A
Meinung. Es ist darin nicht gesagt, daß ein Bestreb
Einführung der Sklaven in diese Staaten vorhand

Als man Herrn Brooks für seinen Angriff des
Spazierstöcke, Silbergeschirr, goldene Kannen u.
Carolina darbrachte, erklärte er in der bei dieser
tenen Rede sich auf das Bestimmteste für die Ans
als unsere Constitution verfaßt wurde, nicht ein ei
Meinung war, daß die Sklaverei bis zum heu
auern würde.

Er sagte, was auch ich denke, daß die Gründer
das Institut der Sklaverei in eine Lage brachten
öffentliche Meinung die Hoffnung schöpfen konnte,
dem Wege des allmäligen Unterganges. Dann fi
daß die Männer des gegenwärtigen Zeitalters dur
ser geworden wären, als es die Gründer der Co
sind, und daß die Erfindung der Baumwollen-E
Fortdauer der Sklaverei als eine Nothwendigkeit für
gewiesen habe.

Ein ferneres Beweisstück geht auf dasselbe hina
bestimmte ein Mann in Virginien — ein Sklav
durch das Testament, daß nach seinem Tode mehre
wenn sie sich dafür erklärten und nach Liberia liebe
Sklaverei verbleiben wollten, die Freiheit erhal
Sklaven sprachen sich dafür aus, befreit zu werde
aber, welchen sie als Eigenthum zugefallen wären

als Sklaven. Ein Prozeß ging daraus hervor, der schließlich vor den obersten Gerichtshof in Virginien kam und worin gegen die Sklaven aus dem Grunde entschieden ward, daß die Neger keine Auswahl treffen können — daß sie keine gesetzliche Macht der Bestimmung haben — und folglich die Bedingung, von welchen ihre Freiheit abhängig wäre, nicht zu erfüllen vermöchten.

Ich erwähne dies hier nicht etwa, um es zu kritisiren, sondern um es in Verbindung mit den übrigen Argumenten als einen neuen Beweis des Wechsels der Ansichten darzulegen, wie er sich in der Sklavenfrage nach der Richtung hin geltend gemacht hat, das Institut nunmehr dauernd und national zu gestalten. Ich folgere daraus jetzt, wie ich es vorher that, daß ein solches Streben vorliege und ich stütze mich hierbei nicht allein auf Thatsachen, sondern auf offene Erklärungen, wie sie in den Sklavenstaaten gemacht worden sind.

Jetzt aber zu des Richters Schlußfolgerung, wonach, weil ich wünsche, die Sklaverei auf dem Wege endlichen Verschwindens zu sehen, — auf der Stelle, wo unsere Vorväter sie ursprünglich hin gestellt hatten, daß ich darum auch wünschen sollte, die Staatsgesetzgebungen zu vernichten, die Baumwolle zu nöthigen, auf den Spitzen der Green Mountains zu wachsen, Eis in Florida gefrieren zu lassen, Bauholz auf den weiten Prairien von Illinois zu schneiden, — daß ich darum all' solchen lächerlichen und unmöglichen Dingen zugethan wäre.

Als eine vollständige Antwort auf all' dies erscheint die Frage: ob, wenn der Kongreß beliebt hätte, Sklaverei von den freien Territorien auszuschließen, wenn den Gerichtshöfen die Entscheidung genehm gewesen wäre, daß mit Einführung eines Sklaven in ein freies Land derselbe frei werde — es ist eine genügende Antwort, sage ich, zu fragen — ob als Folge davon irgend Etwas von jenem lächerlichen Unsinn, was man von Vereinigung und Gleichförmigkeit der Verfassung geschwatzt hat, thatsächlich eintreten würde? Wer hörte von solchen Dingen um des Erlasses von 1787 willen, um der Missouri-Begränzung willen, um der zahlreichen Gerichtshofentscheidungen willen, die alle jenen Charakter tragen?

Und jetzt zum Dred Scott Urtel, denn daraus fertigt er seine letzten Pfeile gegen mich. Mit Kühnheit geht er von einer Erklärung zu Gunsten jener Entscheidung aus.

Sie macht die Hälfte des Angriffs und den dritten Theil des ganzen Campagneplanes aus. Ich bin in gewissem Sinne ein Gegner der Entscheidung, doch nicht in der Art, wie es mir von ihm unterstellt wird. Ich sage, daß ich keineswegs beabsichtige, dieselbe zu hin-

dern oder ihr zu widerstreben, insofern sie sich zu Gunsten von Dred
Scott's Herrn und gegen Dred Scott und dessen Familie erklärt hat.

Niemals habe ich beabsichtigt, dergleichen zu thun. In Betreff der
richterlichen Autorität dürfte ein Vergleich meiner bescheidenen Lebens=
geschichte mit der des Richters Douglas nicht zu leiden haben. Er
möchte, daß die Bürger ihr Votum jener Entscheidung anpaßten, ebenso
die Kongreßmitglieder und daß der Präsident in demselben Sinne Ge=
brauch von seiner Berechtigung zum Veto mache. Er wollte sie, als
eine Regel für politische Handlungsweise, dem Volke und allen De=
partements der Regierung gegenüber hinstellen. Ich möchte es nicht.
Indem ich ihr aber als einer politischen Regel widerstrebe, störe ich
kein Eigenthumsrecht, rufe ich keine Unordnung hervor, rege ich kein
Gesindel auf.

· Als er am Freitag Abend letzter Woche in Chicago redete, wurde
von ihm derselbe Pfeil gegen mich gerichtet. Am Samstag Abend
erwiderte ich und erinnerte ihn an eine Entscheidung des höchsten Ge=
richtshofes, gegen welche er wenigstens mehrere Jahre lang opponirte.
Neulich Abends, zu Bloomington, nahm er von meiner Gegenrede
einige Notiz, vergaß jedoch ganz und gar, sich jenes Theiles zu er=
innern. ·

Er erneuert gegen mich seinen Kampf und es fällt ihm dabei nicht
ein, daß ich ihm genau über denselben Gegenstand ein Bild bereits
vorgehalten habe. Ich will mich abermals bemühen, seine Aufmerk=
samkeit darauf hinzurichten. Ich wünsche vor dem Lande, ebenso wie
Richter Douglas, bei der Frage der Anerkennug richterlicher Autori=
tät aufrecht zu stehen; und daher füge ich noch etwas hinzu, was zu
Gunsten meiner Stellung sprechen dürfte. Ich wünsche zu zeigen,
daß ich mich auf die Autorität stütze, und beabsichtige dies noch mehr
darzulegen, als es bereits geschehen ist. Ich erwarte nicht, den Rich=
ter zu überzeugen. Es ist ein Theil seines Campagneplanes, woran
er mit verzweifeltem Griffe sich festklammert. Und magst Du das
Bild selbst vor ihn hinstellen, die scharfe Spitze gegen ihn richten und
ihn durchbohren, so wird er dennoch daran festhalten, so lange er
mittelst neuer Ränke etwas an seiner Stelle erfinden kann.

Es ist ermüdend, bei öffentlichen Reden aus Schriftstücken vorzu=
lesen; ich muß jedoch um die Erlaubniß bitten, hier davon einen —
wenn auch nur beschränkten — Gebrauch zu machen. Ich werde
Ihnen aus einem Briefe des Hrn. Jefferson vom Jahre 1820 etwas
vorlesen, welchen Sie in dem 7. Bande seiner Korrespondenz auf
der 177. Seite finden können. Es scheint, daß· ihm durch einen
Herrn, Namens Jarvis, ein Buch, eine Schrift oder ein Journal

mit dem Titel "Republican" überreicht worden war, und er jetzt in
Anerkennung dieses Geschenkes erwiderte, wobei Einiges aus dem
Inhalte des Buches hervorgehoben wurde. Nachdem er die Hoff=
nung ausgedrückt hatte, das Werk werde einen günstigen Eindruck
auf die Gemüther der Jugend hervorrufen, fährt er also fort:

„Daß dies geschehen wird, steht zu erwarten, und aus diesem
Grunde fühle ich mich dringend aufgefordert, anzuführen, was ich
als einen Irrthum Ihrerseits ansehe — umsomehr als Ihre Meinung
durch die vieler Anderer bekräftigt wird. Auf S. 84 und 148
scheinen Sie die Richter als die endgültigen Schiedsmänner in allen
Verfassungsfragen anzusehen — in der That eine äußerst gefährliche
Lehre, die uns dem Despotismus einer Oligarchie unterordnen
müßte. Unsere Richter sind so ehrenwerth wie andere Menschen,
aber nicht mehr. Sie haben, gleich Andern, dieselben Leidenschaften
für Parteiwesen, für Gewalt und die Bevorzugung ihrer Körperschaft.
Ihr Grundsatz ist "boni judicis est ampliare jurisdictionem,"
und ihre Gewalt ist um so gefährlicher als sie lebenslänglich ange=
stellt und nicht verantwortlich sind, während die übrigen Beamten
der Wahlkontrole unterliegen. Die Verfassung hat kein solch' ein=
zelnes Tribunal errichtet, wohl wissend, welchen Händen es auch an=
vertraut werde, seine Mitglieder bei der Verderbniß der Zeit und
Partei Despoten werden würden. Sie hat mit Weisheit alle De=
partements, als nebeneinanderstehend und gleich souverän unter sich,
geschaffen."

So sehen wir denn, daß die von Richter Douglas für den obersten
Gerichtshof beanspruchte Gewalt nach Hrn. Jefferson's Auffassung
uns zum Despotismus einer Oligarchie führen müßte.

Mehr als dies — in der That nicht einmal so viel — habe ich aber
nicht gesagt; wenigstens finde ich bei Hrn. Jefferson Unterstützung.
Lassen Sie uns ein wenig weiter gehen. Sie werden sich erin=
nern, daß wir einst eine National Bank hatten. Jemand schuldete
der Bank eine gewisse Summe, er wurde verklagt, und machte gegen
die Klage geltend, daß ja die Bank unkonstitutionell sei. Die
Sache kam vor den höchsten Gerichtshof, und hier wurde entschieden,
die Bank sei konstitutionell. Die ganze demokratische Partei lehnte
sich gegen dieses Urtel auf. General Jackson selbst behauptete, daß
er, als Präsident, nicht daran gebunden wäre, eine Nationalbank
für verfassungsmäßig zu halten, obgleich schon der Gerichtshof so ent=
schieden hätte. Er kam genau zu derselben Ansicht wie Hr. Jefferson
und handelte darnach bei seinem Dienstede, indem er eine Corpora=
tionsurkunde für eine Nationalbank versagte. Die Erklärung, daß

3

der Congreß keine verfassungsmäßige Gewalt besitzt um eine Bank zu privilegiren, ist in die demokratische Platform bei der National=Convention übergegangen und ward bei der letzten Zusammenkunft wiederum und aufs Neue bestätigt. Man hat für diese Deklaration länger als ein Vierteljahrhundert dem obersten Gerichtshofe ins Ge=sicht gestritten. In der That hat man auch die richterliche Entschei=dung auf eine absolute Null reduzirt. Dieses Urtel wird — ich wiederhole — in der Cincinnati Platform verworfen; und doch, als wollte er zeigen, daß Unverschämtheit nicht weiter gehen kann, prahlt Richter Douglas in all' seinen Reden, worin er mich wegen meiner Opposition gegen die Dred Scott Entscheidung denuncirt, daß er auf der Cincinnati Platform stände.

Nun wünschte ich zu wissen, was der Richter bezüglich der Ent=scheidungen des obersten Gerichtshofes mir vorwerfen kann, was nicht lang, breit, nach allen Richtungen hin vor seiner Thür schon läge. Die ganze Wahrheit ist einfach die: Richter Douglas ist für die Entscheidungen des höchsten Gerichtshofes, wenn sie ihm gefallen, und gegen dieselben, wenn er sie nicht liebt. Er ist für das Dred Scott Urtel, weil es dahin zielt, die Sklaverei zu nationalisiren — weil es ein Theil der ursprünglichen Combination für diesen Zweck ist. Wunderbar genug trifft es so ein, daß ich bisher niemals einer Entscheidung des höchsten Gerichtshofes opponirte. Andererseits er=innere ich mich nicht, daß er einer solchen — bis jetzt eben — je=mals besonders zugethan gewesen. Er begünstigte weder eine solche, noch opponirte er ihr, bis zu der vorliegenden, die dazu helfen soll, die Sklaverei zu nationalisiren.

Freie Männer von Sangamon, freie Männer von Illinois, freie Männer aller Orten — entscheidet nun über diesen Streitpunkt zwischen ihm und mir!

Er sagt, die Dred Scott Sache wäre ein überaus unbedeutendes Ding — das keinen praktischen Effekt habe, das im besten, oder, wie ich annehme, im schlimmsten Falle nichts weiter als eine Abstraktion sei. Ich stelle anheim, ob ein Etwas, das über die Freiheit oder Sklaverei eines Menschen entscheidet, nicht eher konkreter als abstrakter Natur zu nennen ist. Ich glaube, Sie würden dafür stimmen, daß dem so sei, wenn Ihre Freiheit davon ab=hinge, und so dürfte Richter Douglas gleichfalls thun, wenn seine Freiheit dadurch bedingt wäre. Aber nehmen wir an, es sei nur bei der Frage in Betreff der Sklavenverbreitung auf den neuen Terri=torien gewesen, daß er sie als einen abstracten Gegenstand ohne wei=tere praktische Consequenzen ansieht. Wie ist denn die Sklaverei

in den neuen Landstrichen immer entstanden? Man hat nun entschieden, daß die Sklaverei in unsern neuen Territorien auf gesetz-
lichem Wege nicht ausgeschlossen werden könne. Worin unter-
scheiden sich gegenwärtig unsere neuen Territorien denn von den
alten Colonien als die Sklaverei auf den letzteren zuerst begründet
ward? Sie wurde, wie Hr. Clay einstens erklärte und wie auch
die Geschichte bestätigt, von einzelnen Männern troß der Wünsche
des Volkes eingeführt; die Mutterregierung schlug es ab, sie zu verbieten und verhinderte die Behörden der Colonienbevölkerung, ein
solches Verbot ihrerseits zu erlassen. Hr. Clay sagt, das wäre eine
der großen und gerechten Beschwerdeursachen gegen Großbritannien
Seitens der Colonien gewesen, und die beste Apologie können wir
gegenwärtig machen, da wir das Institut unter uns haben. In
genau dieselbe Lage haben unsere Nebraska Politiker unsere eigenen
neuen Territorien erfolgreich gebracht; das Gouvernement will bei
ihnen die Sklaverei weder verbieten, noch dem Volke erlauben, ein
solches Verbot zu erlassen.

Ich fordere Jedermann auf, auch nur den leisesten Unterschied
zwischen der Politik, durch welche die Sklaverei in diese Colonien
eingeführt wurde, und jener Politik zu finden, die in unsern neuen
Territorien gegenwärtig vorherrscht. Wenn dort noch keine Sklaven hingehen, so geschieht es, weil eben kein besonderes Verlangen
danach ist. Der Richter gestattete sich — und zweifellos würde es
auch heute geschehen — das zu thun, was ich im Begriff bin, mit
der Dred Scott Entscheidung vorzunehmen. Wohlan denn, Richter,
wollen Sie mir gefälligst sagen, was Sie mit der Entscheidung in
der Banksache thaten? Wollen Sie uns nicht gütigst erlauben,
mit dem Dred Scott Urtel genau so zu verfahren, wie Sie es mit
der Bankentscheidung thaten? Sie rissen erfolgreich den moralischen Eindruck dieser Entscheidung nieder; erachteten Sie es für
nothwendig, die Constitution zu verbessern? oder eine Versammlung
von Negern zu diesem Zwecke zu berufen?

Hier ist noch ein weiterer Punkt. Richter Douglas hat eine
wirklich zärtliche Zuneigung für die Amerikaner und alten Whigs.
Neulich Abend beschrieb er uns in einer Art von weinerlichem Tone
eine Todtenbettscene. Er war zu Hrn. Clay in dessen letzten Au-
genblicken gerufen worden, damit der Geist der „Volks-Souveränität" von dem sterbenden Manne ordnungsmäßig auf ihn herab-
steigen und sich auf ihm, dem lebenden und schätzbarsten Nachfolger,
festsetzen möchte. Er konnte nicht weniger thun, als das Versprechen
leisten, er wolle den Rest seines Lebens der „Volks-Souveränität"

weihen, und dann schied der große Staatsmann in Frieden. Bei diesem Theile des „Campagneplanes" hat sich der Richter gewiß selbst gesagt, daß unbedingt von den Wangen der alten Whigs Thränen wie halbausgewachsene Aepfel groß heruntertröpfeln müßten. Des Hrn. Webster wurde auch erwähnt, aber es kam nicht ganz zu einer Todtenbettscene, wie bei jenem. Es würde unterhaltend sein, wenn es nicht ekelhaft wäre, zu beobachten, wie rasch diese Vertrags= brecher über die politischen Effekten ihrer todten Gegner verfügen, Ansprüche geltend machen, von denen man niemals vorher etwas gehört hatte, und den Nachlaß unter sich vertheilen. Sollte ich mor= gen früh todt gefunden werden, so würde nur meine Geringfügigkeit verhindern, daß man noch vor Ende nächster Woche eine Rede hielte, worin man mich als eine Autorität anführte. So ist's denn der Fall, daß in jener Volks=Souverainität, mit welcher Herr Clay iden= tificirt wurde, das Missouri=Compromiß ausdrücklich vorbehalten war, und so erscheint's denn etwas sonderbar, wenn Herr Clay seinen Mantel über Richter Douglas wirft, damit dieser das Compromiß widerrufe.

Auch hat der Richter Hrn. Clay nicht Wort gehalten, als er seine Nebraskabill zuerst einbrachte. Er ließ das Missouri=Compromiß unwiderrufen und in seinem Begleitungsberichte erzählte er der Welt, daß es absichtlich geschehen sei. Die Manen Hrn. Clay's müssen in großer Seelenangst gewesen sein, bis endlich, dreißig Tage später, die Volks=Souverainität in aller Glorie dastand.

Noch Etwas. Neulich Abend peinigte sich Richter Douglas mit Entsetzen über meine Neigung, Neger den weißen Menschen in ge= sellschaftlicher und politischer Beziehung vollkommen gleich zu stellen. Er legte aber nicht dar, daß ich etwa dergleichen gesagt habe, oder daß es rechtmäßiger Weise aus dem zu folgern sei, worüber ich ge= sprochen, aber er flog darüber mit seinen Behauptungen hin. Ich hänge der Unabhängigkeits=Erklärung an. Wenn Richter Douglas und seine Freunde nicht willens sind, bei ihr zu stehen, laßt sie auf= treten und sie verbessern. Sie mögen uns vorerzählen, daß alle Menschen, mit Ausnahme der Neger, gleich geschaffen sind. Laßt uns darüber entscheiden, ob die Unabhängigkeits=Erklärung in dem gesegneten Jahre 1858 so amendirt werden soll. In seiner letzt= jährigen Auseinandersetzung der Declaration sagte er, es sei in der letztern nur gemeint, daß Amerikaner in Amerika den Engländern in England gleich wären. Als ich ihm dann zeigte, daß er durch eine solche Auffassung die Deutschen, Irländer, Portugiesen und alle an= dern Völker, welche seit der Revolution zu uns gekommen sind, aus=

schlöſſe, formte er ſeine Auseinanderſetzung auf's Neue um. So erzählt er uns denn in ſeiner letzten Rede, daß er Europäer überhaupt gemeint habe.

Ich rücke auf ihn ein Wenig weiter vor und frage, ob er beabſich= tige, die Ruſſen in Aſien einzuſchließen? Oder will er jene mäch= tigen Völkerſchaften, nach den Grundſätzen unſerer Unabhängigkeits= Erklärung, abweiſen? Eher erwarte ich, daß er ein neues Amendement zu ſeiner Definition ſtellen wird. Er iſt nicht eben pedantiſch. Er iſt mit Allem zufrieden geſtellt, wenn nur nicht die Nationaliſirung der Negerſklaverei in Gefahr kommt. Weiße Menſchen mögen hinabgezogen werden, wenn nur nicht Negerſklaven heraufkommen. Wer wird ſagen, „ich bin der Höhere und Du biſt der Niedrigere?"

Meine Erklärungen in Betreff der Negerſklaverei mögen falſch wiedergegeben, können aber nicht mißverſtanden werden. Ich habe geſagt, daß ich nicht aus der Unabhängigkeits=Erklärung herausleſe, alle Menſchen wären in jeder Beziehung gleich geſchaffen. Sie ſind nicht gleich in der Farbe, aber ich glaube, daß unſer Grundgeſetz erklärt, alle Menſchen wären in gewiſſen Beziehungen gleich; ſie ſind in ihrem Rechte auf „Leben, Freiheit und die Verfolgung des Glückes" gleich. Gewiß iſt der Neger in der Farbe mit uns nicht gleich, — vielleicht auch nicht in manchen andern Rückſichten; doch in dem Rechte, in ſeinen Mund das Brod zu bringen, welches ſeine Hände geerntet haben, iſt er ein Gleichgeſtellter jedes andern weißen oder ſchwarzen Menſchen. Dadurch, daß Ihr ausfindet, Ihr hättet vom Geſchicke mehr empfangen, ſeid Ihr noch nicht gerechtfertigt, das Wenige zu entwenden, welches Jenen verliehen ward. Alles, was ich für den Neger verlange, iſt, wenn Ihr den Neger nicht liebt, laßt ihn in Ruhe. Wenn Gott ihm nur wenig gab, mag er ſich des Wenigen erfreuen.

Als unſere Regierung begründet ward, hatten wir die Sklaverei unter uns. In gewiſſem Sinne waren wir gezwungen, ihre Exiſtenz zu toleriren. Es war eine Art von Nothwendigkeit. Wir hatten unſern Kampf zu kämpfen und unſere eigene Unabhängigkeit ſicher zu ſtellen. Die Gründer der Verfaſſung fanden das Inſtitut der Sklaverei unter ihren andern derzeitigen Einrichtungen. Sie fanden, daß bei der Bemühung, ſie auszurotten, leicht vieles von dem verloren gegangen wäre, was ſie bereits gewonnen hatten. Sie waren genöthigt, ſich der Nothwendigkeit zu beugen. Sie verliehen dem Congreß die Gewalt, den Sklavenhandel nach zwanzig Jahren zu beſeitigen. Sie verboten ihn ebenfalls in den Territorien, wo er noch gar nicht exiſtirte. Sie thaten was ſie konnten und unter=

warfen sich im Uebrigen der Nothwendigkeit. So vertraue ich auch alle dem, was sich aus dieser Nothwendigkeit ergeben wird. Was ich am meisten wünschte, wäre die Trennung der weißen und schwarzen Racen.

Ein weiterer Punkt über diese Springfielder Rede, die Richter Douglas angeblich so aufmerksam gelesen hat. Ich sprach mich dahin aus, daß ich glaubte, es bestehe ein Complott zur Perpetuirlichmachung und Nationalisirung der Sklaverei. Ich führte nicht an, daß ich es wußte; auch weiß ich es nicht. Ich zeigte, welchen Theil Richter Douglas an dieser ganzen Kette von Thatsachen habe, die meiner Meinung nach den Beweis jenes Complottes abgäben. Ich wies auf den Antheil der andern Personen hin.

Ich sprach die Anschuldigung aus, daß das Volk bei der letzten Präsidentenwahl durch die Vorspiegelung betrogen worden, die Bevölkerung der Territorien möchte, wenn sie sich dafür erklärte, die Sklaverei ausschließen, da es im Voraus durch die Mitverschworenen bekannt wurde, daß der Gerichtshof zu entscheiden im Begriff stand, weder der Congreß, noch das Volk dürfe die Sklaverei daselbst ausschließen. Diese Anschuldigungen sind deutlicher, als irgend etwas Anderes in der Rede hervorgehoben.

Richter Douglas hat jene Rede mit Aufmerksamkeit gelesen und wieder gelesen. Er hat nicht, soviel ich weiß, jenen Anschuldigungen widersprochen. In den beiden Reden, die ich anhörte, that er es sicherlich nicht. Auf Grund seiner eigenen stillschweigenden Zustimmung erneuere ich die Anklage. Ich beschuldige ihn, an dieser Verschwörung und an dem Betrug Theil genommen zu haben, zu dem einzigen Zwecke, die Sklaverei zu nationalisiren.

———————

Nach dieser Rede fand zwischen den beiden rivalisirenden Candidaten für die Vereinigten Staaten Senatorstelle ein Briefwechsel statt, worin man übereinkam, die fernern Wahlreden der Art zu halten, daß an den folgenden 7 Orten

> Ottawa, La Salle County,
> Freeport, Stephenson County,
> Jonesboro, Union County,
> Charleston, Coles County,
> Galesburgh, Knox County,
> Quincy, Adams County und
> Alton, Madison County

Beide gemeinschaftlich an festgesetzten Tagen sprechen und abwechselnd
die Discussion eröffnen und schließen sollten. Hr. Douglas solle in
Ottawa eine Stunde reden, Hr. Lincoln 1½ Stunde darauf antwor=
ten und Hr. Douglas endlich ½ Stunde lang zum Schlusse verwen=
den; in Freeport umgekehrt u. s. f. Allerdings bemerkt Hr. Lincoln
hierauf, daß er durch diese Einrichtung ein wenig zu kurz komme, da,
während Hr. Douglas den Vortheil habe, die Debatten v i e r Mal
eröffnen und schließen zu dürfen, ihm dieser Vorzug nur d r e i Mal
eingeräumt sei; doch acceptire er den Vorschlag.

Im Verlauf der nun folgenden Debatten gab Hr. Douglas die
nachstehende Erzählung der schon in jungen Jahren zwischen ihm und
Hrn. Lincoln entstandenen Nebenbuhlerschaft und theilte die Umstände
mit, unter denen Beide ihr Knaben= und Jünglingsalter zurückge=
legt hätten. In keinem andern Lande der Welt konnten zwei her=
vorragende Männer solche Erfahrungen machen, und würden sie
wenigstens nicht mitgetheilt haben, wenn sie auch in deren Besitz ge=
wesen wären; nirgend anderswo konnten zwei Männer aus so abso=
luter Dunkelheit zu so entschiedener Bedeutung so rasch und sicher,
so leicht und auf natürlichem Wege sich emporheben; niegend anders=
wo würden solche Männer, wenn sie sich so weit emporgeschwungen,
ihrer ärmlichen Vergangenheit mit Stolz und Genugthuung gedenken.

„Die Bemerkungen, die ich über diese Platform und die Stellung
des Hrn. Lincoln zu derselben gemacht habe, wünsche ich nicht etwa
als den Ausdruck persönlicher Nichtachtung und Unfreundlichkeit,
diesem Herrn gegenüber, aufgefaßt zu sehen. Ich bin mit ihm nun
beinahe fünf und zwanzig Jahre lang bekannt. Zahlreiche Veran=
lassungen der Sympathie lagen vor, als wir uns zuerst kennen lernten.
Wir waren Beide so ziemlich noch im Knabenalter, wir kämpften
Beide mit der Armuth in einer fremden Gegend. Ich fungirte als
Schullehrer in dem Städtchen Winchester und er als glücklicher Ge=
hülfe eines Grocerieladens des Städtchens Salem. Er arbeitete mit
mehr Erfolg in seinem Geschäfte als ich in dem meinigen und wurde
daher auch mit irdischen Gütern mehr gesegnet. Lincoln ist eine
jener eigenthümlichen Naturen, die Alles, was sie unternehmen,

mit bewunderungswürdigem Geschicke ausführen. Ich spielte meinen Schullehrer so gut ich konnte, doch sagte zur Zeit, da ich als
Schreiner ein gutes Bettgestelle und Tische anfertigte, mein alter
Meister, ich verstände mit Bureaus und Sekretairen besser als mit
irgend etwas Anderm umzugehen. Ich glaube aber, Lincoln hat
dennoch stets bessere Geschäfte gemacht als ich, denn durch Ausführung seines Berufes war er im Stande, in die Legislatur zu kommen. Freilich traf auch ich ihn da und fühlte mich zu ihm hingezogen,
weil wir Beide der Mühseligkeiten genug im Leben ausgestanden
hatten. Er verstand damals ebenso gut wie jetzt eine Geschichte vor-
zutragen. Er konnte jeden Jungen beim Ringen unterkriegen, er
siegte beim Wurfscheibenspiel, beim Wettlauf, beim in die Höhe werfen der Münzen und Errathen, welche Seite beim Fallen oben liegen
werde; er konnte mehr Flüssigkeiten vertilgen als alle jungen Menschen des Städtchens zusammengenommen, und die Würde und Un-
parteilichkeit, mit der er bei einem Wettrennen oder Faustkampfe
präsidirte, erregte allgemeine Bewunderung und gewann das Lob
aller Anwesenden und Theilnehmer. Ich sympathisirte mit ihm weil
er mit Sorgen so wie ich gekämpft hatte. Hr. Lincoln saß mit mir
in der gesetzgebenden Versammlung, von der wir Beide uns zurück-
gezogen; er verschwand oder wurde verdrängt und man verlor ihn
als öffentlichen Charakter mehrere Jahre lang aus dem Gesichte.
Als Wilmot im Jahre 1846 seinen berühmten Vorbehalt einbrachte
und der Abolitionstornado über das Land flog, trat Lincoln wieder,
und zwar als ein Mitglied des Congresses für den Sangamon-Di-
strict auf. Ich war damals im Vereinigten Staaten Senate und
erfreuet, meinen alten Freund und Gefährten zu bewillkommnen
Während er sich im Congreß durch seine Opposition gegen den mexikanischen Krieg hervorthat und hierbei auf die Seite des gemeinsamen
Feindes gegen sein Vaterland trat, folgte ihm bei der Rückkehr nach
Hause aller Orten die Indignation des Volkes und er tauchte aufs
Neue unter oder war genöthigt sich — von seinen bisherigen Freunden verlassen — in das Privatleben zurück zu ziehen. Wiederum
trat er im Jahre 1854 auf, um in Gemeinschaft mit Giddings,

Lovejoy, Chase und Fred. Douglas die Abolitions= oder schwarz re=
publikanische Platform, als Grundlage für die republikanische Partei,
zu entwerfen."

In Erwiderung dieser Eröffnung sprach Lincoln Folgendes:

„Nun gehe ich zu einer oder einem Paar jener kleinen possenhaften
Mittheilungen über. Der Richter ist in einem elenden Irrthum
befangen, wenn er meint, sein ehemaliger Freund Lincoln sei jemals
Ladendiener in einem Groceriegeschäft gewesen. Ich glaube gerade
nicht, daß es eine große Sünde sei, wenn es wirklich geschehen wäre;
Hr. Douglas befindet sich aber dennoch im Irrthum. Lincoln hat
niemals in einem Grocerieladen irgendwo in der Welt gedient.
Doch ist es wahr, Lincoln arbeitete den letztern Theil eines Winters
in einer Branntweinbrennerei. Und so glaube ich, daß mein Freund,
der Richter sich gleichfalls im Irrthume befindet wenn er mich be=
schuldigt, zur Zeit als ich im Congresse saß, unsern Soldaten oppo=
nirt zu haben, die im mexikanischen Kriege kämpften. Allerdings
sprach sich der Richter bezüglich dieser Anschuldigung nicht ganz deut=
lich aus, ich kann Ihnen aber erzählen was er unter Bezugnahme
auf die Protokolle mitzutheilen vermocht hätte. Sie erinnern sich,
daß ich ehemals ein Whig war, und wenn jemals die demokratische
Partei meine Stimme dafür zu erlangen suchte, daß jener Krieg
Seitens des Präsidenten mit vollem Rechte begonnen worden sei,
so würde ich sie nicht gegeben haben. Aber als man bei mir um
Geld, Landentschädigung und sonst dergleichen zur Bezahlung der
Soldaten nachsuchte, habe ich in der ganzen Zeit durchaus ebenso
wie Richter Douglas gestimmt. Ob darin Consequenz gelegen —
darüber mögen Sie urtheilen wie es Ihnen gefällig ist. So stand
die Sache; und der Richter hat das Recht, daraus zu machen, was
er nur vermag. Aber wenn er durch eine allgemein gehaltene Klage
die Vorstellung zu erwecken sucht ich hätte den im mexikanischen
Kriege fechtenden Soldaten meine Unterstützung versagt oder irgend
etwas Anderes gethan, um den Soldaten hindernd in den Weg zu
treten, so ist er — gelinde gesagt — in einem sehr groben und voll=

kommenen Irrthum befangen, wie ein Blick in die offiziellen Ver= handlungen ihm beweisen wird."

In Erwiderung einiger noch gewichtigerer Beschuldigungen Sei= tens des Senators Douglas, sagte Hr. Lincoln:

Mitbürger! Wenn ein Mann hören muß, wie er falsch beurtheilt wird, so bringt ihn das innerlich ein wenig auf, — wenigstens geht's mir so; wenn aber Verdrehungen einen gewissen Grad von Grob= heit und Handgreiflichkeit erreichen, so sind sie bei Weitem eher im Stande uns zu unterhalten als ärgerlich zu machen. So fällt mir bei, wie Richter Douglas, nachdem er die ganze Geschichte der alten Demokraten und ehemaligen Whigpartei durchlaufen hatte, erzählt, daß Richter Trumbull und ich im Jahre 1854 uns dahin geeinigt hätten, ich solle den Sitz des General Shields im Vereinigten Staa= ten Senate und Richter Trumbull den des Richters Douglas erhalten. Alles was ich nun darüber zu sagen habe, ist, daß ich glaube: kein Mensch — und selbst nicht Richter Douglas — kann so etwas bewei= sen, weil es eben nicht wahr ist. Ich zweifle jedoch nicht, er sei in seiner Mittheilung „gewissenhaft" gewesen. In Betreff jener Resolutionen, die ihm bei der Vorlesung eine so lange Zeit fortnahmen, und welche die Platform der republikanischen Partei im Jahre 1854 ausmachen, erkläre ich, daß ich mit denselben niemals etwas zu thun hatte, und — so viel ich weiß — Trumbull ebenfalls nicht. Richter Douglas kann nicht nachweisen, daß jemals einer der Unsrigen dabei in irgend einer Weise betheiligt gewesen ist. Ich glaube, so viel ist in Betreff jener Resolutionen begründet: man hatte zu einer Zusammenkunft behufs Bildung einer republikani= schen Partei in Springfield einen Aufruf erlassen, und es ist mir, als ob mein Freund, Hr. Lovejoy, der sich auf dieser Tribüne befindet, die Hand darin hatte. Das, glaube ich, steht fest, und ich zweifle nicht, er wird sich dessen genau erinnern; er wird im Stande sein, sich zu entsinnen, daß er mich selbst dort hin zu ziehen trachtete, ich aber nicht hingehen wollte. So denke ich, ist's ebenfalls wahr, daß ich, als die Convention zusammentrat, von Springfield mich weg begab, um bei den Gerichtsverhandlungen in Tazewell County zu fungiren. Allerdings setzten sie — obgleich ohne Genehmigung — meinen Namen auf die Comiteliste, und schrieben mir nachher, ich solle dem Zusammentritt dieses Ausschusses beiwohnen, aber ich schlug es aus, und hatte überhaupt niemals etwas mit der Organisation zu thun. Hier haben Sie die volle Wahrheit in Betreff der ganzen Resolutionsgeschichte.

Nun aber zu dem Mährchen, das Richter Douglas uns von Trumbull's Ausverkauf der alten demokratischen Partei und Lincolns Zustimmung in Betreff eines gleichen Schachers der alten Whig-partei erzählt; da habe ich die Mittel zur Hand, den Sachverhalt auf das genaueste darzulegen, Richter Douglas aber nicht, und ich weiß, daß daran kein wahres Wort ist. Und doch glaube ich noch immer, er sei mit Bezug hierauf „g e w i s s e n h a f t" zu Werk gegan-gen. Ich weiß, daß, nachdem Hr. Lovejoy in jenem Winter Mit-glied der Legislatur geworden war, er sich über mich beklagte, daß ich allen alten Whigs seines Districts gesagt habe, die alte Whig-partei wäre gut genug für sie, und daß Einige von ihnen gegen ihn votirt hätten, weil ich so gesprochen hätte. Nun stehen mir freilich keine vollständigen Mittel zur Widerlegung solcher Anschuldigungen, wie sie der Richter macht, zu Gebote. Niemand kann eine Negative beweisen; aber Jedermann hat das Recht zu verlangen, wenn eine positive Klage gegen ihn vorliegt, zugleich doch eine Art von Beweis zur Begründung des Gesagten zu vernehmen. Ohne Frage bin i c h außer Stande zu zeigen, daß etwas nicht geschehen ist, ich darf jedoch beanspruchen, daß wenn irgend Jemand behauptet, er w i s s e eine Sache, er auch darlegen muß, w i e denn sein Wissen beschaffen ist. Dazu habe ich stets ein unbestreitbares Recht und ich kann mich nicht dabei beruhigen, daß er „g e w i s s e n h a f t" hierbei gewesen sei."

In einer seiner Reden brachte Richter Douglas eine Reihe Fra-gen an seinen Gegner vor, die der Letztere in nachstehender Weise beantwortete.

„Da ich nun so viel gesagt habe, will ich mich zu des Richters Fragestellungen wenden, wie ich sie in der Chicago Times abge-druckt finde und werde sie der Reihe nach beantworten. Damit kein

Mißverständniß meinerseits geschehe, habe ich eine Abschrift der Fragen genommen und meine Erwiederungen gleich dazu gesetzt. Das erste dieser Fragestücke heißt also:

Erste Frage. „„Ich wünsche zu wissen, ob Lincoln, wie er es im Jahre 1854 that, auch jetzt noch zu Gunsten einer unbedingten Wiederaufhebung des Sklaven=Flucht=Gesetzes sich erkläre?““

Antwort. Ich erkläre mich für unbedingte Wiederaufhebung des Sklavenfluchtgesetzes — weder jetzt, noch ist dies von mir jemals geschehen.

Frage 2. „„Ich ersuche ihn, mir zu sagen, ob er auch noch heute wie im Jahre 1854 sich dafür verpflichtet habe, daß in die Union keinerlei Sklavenstaaten mehr — selbst mit dem Willen des Volkes — aufgenommen werden sollten?““

Antwort. Ich wüßte nicht, daß ich jetzt oder jemals gegen die weitere Zulassung irgend eines Sklavenstaates zur Union mich verpflichtet hätte.

Frage 3. „„Ich verlange zu wissen, ob er sich gegen die Aufnahme eines neuen Staates in die Union verpflichtet habe, eines Staates, der eine solche Constitution besitzt, wie sie das Volk desselben eben zu gründen für passend erachtet?““

Antwort. Ich habe mich nicht gegen die Aufnahme eines neuen Staates in die Union verpflichtet, der solch’ eine Constitution besäße, wie sie das Volk jenes Staates eben zu gründen für passend erachtet.

Frage 4. „„Ich wünsche zu wissen, ob er sich gegenwärtig zur Abschaffung der Sklaverei im Columbia=Distrikt verpflichtet habe?““

Antwort. Ich habe mich nicht zur Abschaffung der Sklaverei im Columbia Distrikt verpflichtet.

Frage 5. „„Ich ersuche ihn, mir zu sagen, ob er sich für das Verbot des Sklavenhandels zwischen den einzelnen Staaten verpflichtet habe?““

Antwort. Ich habe mich nicht für das Verbot des Sklavenhandels zwischen den einzelnen Staaten verpflichtet.

Frage 6. „„Ich wünsche zu wissen, ob er sich für das Verbot

der Sklaverei in allen Territorien der Vereinigten Staaten, nörd=
lich wie südlich von der Missouri Compromiß Linie, verpflichtet
habe?""

A n t w o r t. Ich habe mich stillschweigend, wenn auch nicht aus=
drücklich, zu dem Glauben an das R e c h t und die P f l i c h t des
Congresses zum Verbot der Sklaverei in allen Vereinigten Staaten
Territorien verpflichtet.

F r a g e 7. ""Ich ersuche ihn, mir zu sagen, ob er gegen die
Erwerbung irgend eines neuen Territoriums ist, bevor nicht die
Sklaverei in demselben verboten worden?""

·A n t w o r t. Im Allgemeinen bin ich nicht gegen eine ehrliche
Territorial=Erwerbung und würde mich in jedem einzelnen Falle
solcher Acquisition, je nachdem es mir schiene, ob durch dieselbe die
Sklavenfrage in unserer Mitte verschlimmert werde oder nicht,
dagegen oder dafür erklären."

Diese Aufstellung wird uns dazu helfen, eine Idee der Lage zu
geben, welche Hr. Lincoln gegenwärtig über die wichtigen vor dem
Lande schwebenden Streitfragen einzunehmen beansprucht.

Hrn. Lincoln's Ansichten in Betreff der Dred Scott Entscheidung
treten überaus bündig aus dem folgenden Auszuge einer von ihm
während der Campagne am 10. Juli zu Chicago gehaltenen Rede
hervor.

·„Ein wenig nun über den andern Punkt — das Dred Scott
Urtel. Er bezeichnet ihn als einen fernern Streitpunkt zwischen
ihm, dem Anhänger und mir, dem Opponenten dieses Urtels.

Ich habe mich bis jetzt gegen jene Entscheidung erklärt, und thue
es auch heute; es sollte mir aber gestattet werden, den Charakter
meiner Opposition auseinanderzusetzen, und darum erbitte ich mir
Ihre Erlaubniß, es heute zu thun. Was folgt, ehrlich gesagt, aus
dem von Richter Douglas gebrauchten Ausdrucke: „Widerstand
gegen die Entscheidung?" Ich übe keinen Widerstand gegen sie
aus. Wenn ich Dred Scott von seinem Herrn entfernen wollte,
würde ich in Eigenthumsrechte störend einwirken und jene entsetz=
liche Schwierigkeit, von der Richter Douglas spricht und die mit

dem Angriff von Privatrechten verknüpft ist, hervorrufen. Aber ich thue dergleichen nicht; Alles was ich will, ist, man solle der Entscheidung nicht als einer politischen Regel Folge leisten. Säße ich im Congreß und käme die Abstimmung über die Frage des Sklavereiverbots in den Territorien vor, so würde ich mich trotz der Dred Scott Entscheidung dafür entscheiden."

Vor der Promulgation des Urtels — so sagte Richter Douglas — wäre er vielleicht mit einer Ansicht vorgetreten, die der gerichtlichen Entscheidung durchaus entgegen gewesen. Nachdem Letztere aber publizirt worden, unterwerfe er sich ihr so lange bis sie umgestoßen werde. So sagt er! Wir lassen die von der Entscheidung festgestellte Eigenthumsfrage unberührt, wir wollen aber versuchen, das Urtel umzustoßen. Wir wollen etwas zu thun versuchen, wogegen Richter Douglas nichts einzuwenden haben wird, denn er sagt ja, daß er bis zum Umstoß der Entscheidung ihr Folge leisten wolle. Jemand muß doch das Urtel umstoßen, da es ein Mal gemacht ist, und wir denken es zu thun, wir denken es auf friedlichem Wege zu thun.

Wozu werden die Entscheidungen der Gerichtshöfe benützt? Man macht von ihnen zwei Anwendungen. Man bedient sich ihrer als eines Eigenthumsgesetzes in zweifacher Weise. Zuerst entscheiden sie über die spezielle dem Gerichtshofe vorliegende Frage. Dagegen wird Niemand etwas haben. Das aber nicht allein: so sagen diese Entscheidungen auch zu Jedermann überhaupt, daß sie Gültigkeit für alle Personen haben, die sich in denselben Verhältnissen wie Dred Scott befinden. Das heißt — so erklären sie — daß, wenn über eine Klage gegen eine andere Person zu entscheiden ist, das Urtel genau in derselben Weise geschehen soll, es sei denn, der Gerichtshof entscheide anders, es sei denn, der Gerichtshof werfe seine erste Entscheidung als ungültig um. Wohlan denn, wir wollen thun, was wir können, um den Gerichtshof zu einer andern Entscheidung zu bestimmen. Das laßt uns jetzt versuchen.

Der Heiligenschein, den Richter Douglas um jene Entscheidung webt, deutet auf einen Grad von Heilighaltung, wie ihn bisher niemals ein Gerichtsurtel erfahren hat. Ich habe von dergleichen nimmer vernommen. Warum sind ersichtlich entgegengesetzte Urtheile, oder solche wenigstens, die von tüchtigen Gesetzeskundigen dafür erachtet worden, ganz von demselben Gerichtshofe kurz zuvor erlassen worden? Es ist ein Urtel der Art noch nicht dagewesen; es erregt Erstaunen in der Geschichte unserer Gesetzgebung. Es ist ein neues Wunder der Welt. Es basirt auf Unwahrheit im Grunde sowohl wie in den Thatsachen, — Behauptungen von That= sachen, auf die es sich stützt, sind in vielen Fällen überhaupt gar keine Fakta, und über keine Frage hat man sich deutlich erklärt. Bei der ersten Instanz einer solchen unter so vielen ungünstigen Ver= hältnissen erlassenen Entscheidung hat man Seitens der Gesetzes= kundigen stets dafür gehalten und es ist immer für nötbig erachtet wor= den, daß eine fernere Bestätigung erfolgen müsse, bis die Rechtswelt eine solche Entscheidung für bindend erachten könne. Richter Douglas will jedoch haben, daß Jedermann dies außergewöhnliche Urtel, das unter so außergewöhnlichen Umständen beschlossen worden, anneh= men solle und in Uebereinstimmung damit im Congreß votire, ihm das Feld räume und sich ihm in jedwedem Sinne unterwerfe. Um= stände verändern die Sache. Erinnern Sie sich nicht, meine Herren, der von demselben Gerichtshofe vor etwa fünfundzwanzig oder dreißig Jahren erlassenen Entscheidung, wonach eine Natio= nalbank als constitutionell anerkannt wurde? Ich frage, ob sich nicht Jemand erinnere, daß eine Nationalbank damals für ver= fassungsmäßig erklärt wurde? Es ist so, Sie mögen sich nun ent= sinnen oder nicht. Das Bankprivilegium war zu Ende und eine Verlängerung desselben durch den Congreß zugestanden. Diese neue Bestätigungsakte wurde dem General Jackson vorgelegt. Als er das Nichtverfassungsmäßige der Bank hervorhob, ward ihm gegenüber dringend geltend gemacht, daß ja der höchste Gerichtshof für die Constitutionalität sich ausgesprochen habe, worauf General Jackson erwiederte, daß seiner Meinung nach dieser Gerichtshof kein Recht zu bestimmen habe, wie die Führung eines beigeordneten Zweiges der Regierung erfolgen solle, einer Regierung, deren Mit=

glieder geschworen hätten, die Constitution zu halten, einer Regierung, von welcher jedes Mitglied diesen Eid geleistet hätte. Ich
nehme mir nun die Freiheit mitzutheilen, daß ich vernommen,
Richter Douglas habe gesagt, er billige durchaus General Jacksons
Handlungsweise in dem vorliegenden Falle. Was ist jetzt aus
seiner ganzen Tirade über „„den Widerstand gegen den höchsten
Gerichtshof geworden.""

Die nachstehende von Hrn. Lincoln der „Unabhängigkeits-Erklärung" während der Campagne, jedoch bei einer Gelegenheit darge-
brachte Huldigung, wo sein Mitbewerber nicht anwesend war, darf
unsern Lesern, als durchaus charakteristisch, nicht vorenthalten
werden:

„Diese Gemeinden (die dreizehn Colonien) sagten durch ihre Re-
präsentanten in der alten Unabhängigkeitshalle der Welt: „Wir er-
achten diese Wahrheiten als selbstverständlich, daß alle Menschen
gleich geboren sind, daß sie durch ihren Schöpfer mit unveräußerlichen
Rechten begabt sind, und daß zu diesen Rechten Leben, Freiheit und das
Streben nach Glück gehört.' Das war ihre erhabene Erklärung der
Einrichtung des Weltalls. Das war ihre hohe und weise und edle
Auffassung der Gerechtigkeit des Schöpfers gegen Seine Creaturen.
Ja, meine Herren, gegen all' seine Geschöpfe, gegen die ganze
große menschliche Familie. In ihrem erleuchteten Glauben war
Nichts, was Gottes Bildniß trug, in die Welt gekommen, um von
seinen Mitgeschöpfen getreten, herabgewürdigt und viehisch behandelt
zu werden. Sie umfaßten nicht allein die damals lebende Menschheit, sondern griffen in die fernste Zukunft hinaus. Sie errichteten
eine Feuerwarte, die ihren Kindern und Kindeskindern und den un-
zähligen Myriaden, welche in den folgenden Jahrhunderten die Erde
bewohnen, als Leitstern dienen sollte. Als weise Staatsmänner
wußten sie sehr wohl, daß steigender Wohlstand gar leicht Tyrannen
erzeuge und so sprachen sie diese großen selbstverständlichen Wahrheiten aus, damit, wenn je in ferner Zukunft ein einzelner, eine Partei
oder irgend ein Interesse die Lehre vorbringen möchte, daß nur reiche
Leute oder nur weiße Menschen, oder etwa nur angelsächsische weiße

Menschen zum Leben, Freiheit und der Erringung des Glückes er-
mächtigt wären, ihre Nachkommenschaft auf zu der Unabhängigkeits-
Erklärung schauen und Muth fassen sollte, den Krieg, den ihre Väter
begannen, zu erneuern, auf daß Wahrheit und Gerechtigkeit, Barm-
herzigkeit und all' die menschlichen und christlichen Tugenden aus
dem Vaterlande nicht vertrieben würden; auf daß fortan kein Mensch
wagen dürfe, die großen Prinzipien, auf welchen der Tempel der
Freiheit gebaut worden ist, zu begränzen u. s. einzuschränken.

Nun, meine Landsleute, wenn man ou jetzt Dinge lehrt, die
mit den großen Landmarken der Unabhängigkeits-Erklärung nicht
übereinstimmen; wenn Ihr Einflüsterungen Gehör geschenkt, die ihre
Größe verletzen, die herrliche Symmetrie ihrer Proportionen verstüm-
meln würden; wenn Ihr Euch zu dem Glauben geneigt habt, daß
alle Menschen nicht gleich sind in jenen, durch unsere Verfassungsurkunde aufgestellten, unveräußerlichen Rechten, — dann laßt mich
Euch auffordern, umzukehren — zurück zu der Quelle zu gehen, deren
Wasser nahe dem Blute der Revolution entspringen. Habt mich
dabei keineswegs im Auge, denkt an keine politische Partei, welche sie
auch sei, sondern kommt einfach zu den in der Unabhängigkeitserklä-
rung niedergelegten Wahrheiten zurück.

Ihr mögt mit mir thun was Ihr wollt, wenn Ihr nur jene geheiligten Prinzipien an die Spitze alles Andern stellt. Ihr mögt
mich nicht allein für den Senat ablehnen, sondern Ihr könnt mich
auch zu Tode bringen. Ich affectire keine Gleichgültigkeit gegen
irdische Ehrenbezeugungen; ich behaupte aber, in diesem Kampf
durch etwas Höheres als die eifrige Erstrebung einer amtliche Stellung geleitet zu werden. Ich bitte Euch inständigst den erbärmlichen
und nichtssagenden Gedanken, ob irgend Jemand siegen werde oder
nicht, ganz bei Seite zu lassen. Er ist für Nichts. Ohne die tra-
gende Idee bedeute ich Nichts, bedeutet Richter Douglas ebenfalls
Nichts. Aber zerstört nicht jenes unsterbliche
Wahrzeichen der Menschheit — die Erklärung der
amerikanischen Unabhängigkeit."

Wir bedauern, daß der uns vorgesteckte Raum nicht gestattet, weitere Mittheilungen aus den denkwürdigen Reden jener Campagne zu machen, doch wird das, was wir gegeben haben, genügen, unsern Lesern ein Bild des wackern Mannes zu entwerfen, den, wie wir zuversichtlich hoffen, eine Majorität des Volkes zum höchsten Ehrenposten des Landes erheben wird.

Das Resultat jener Campagne war eine republikanische Majorität Seitens der Volksabstimmung, denn

Lincoln hatte 125,275 Stimmen,
Lecompton „ 5,071 „
Douglas „ 121,130 „

und gegen die Abstimmung, zwei Jahre früher, war eine Differenz von 13,741 zu Gunsten der republikanischen Partei.

In Folge der eigenthümlichen Vertheilung der Parteien in der Legislatur aber hatte Douglas eine Majorität bei vereinigter Abstimmung von acht (drei im Senat und fünf im Repräsentantenhaus), erntete so die Früchte eines Sieges, dessen Ehre jedoch Hrn. Lincoln zufiel.

Fünfter Abschnitt.

Vom Schluß der Campagne 1858 bis zum Beginn der National-Convention 1860.

Herr Lincoln und seine republikanischen Gefährten, weit entfernt durch das Resultat der Campagne entmuthigt zu werden, fühlten sich dadurch noch mehr angefeuert, da sie wohl wußten, daß bei solchen Vortheilen, bei so fortdauerndem Wachsthum, dessen sich die republikanische Partei in Illinois zu erfreuen hatte, der Tag ihres vollständigen Triumphes nicht fern sein könne.

Während des Herbstes und Winters besuchte Herr Lincoln verschiedene Theile des Landes und hielt daselbst Vorträge über unsere politische Lage. Allenthalben wo er sich blicken ließ, rief er den ungebundensten Enthusiasmus hervor. In Columbus und Cincinnati,

(Ohio) hielt er zwei prächtige Reden, die seinen Ruf immer mehr ausbreiteten. Und eine Rede, welche er am 27. Februar 1860 im Cooper Institut zu New-York gehalten, können wir uns nicht versagen, in Nachstehendem wörtlich mitzutheilen.

Rede Lincoln's,

gehalten im Cooper Institut, New-York, am 27. Febr. 1860.

Herr Präsident und meine Herren Mitbürger von New-York. Hauptsächlich alte und bekannte Thatsachen habe ich Ihnen heute Abend nur mitzutheilen; auch ist nichts Neues in der allgemeinen Anwendung, die ich von denselben machen werde. Das einzig Neue wird vielleicht in der Darstellungsweise der Thatsachen und in den Folgerungen und Beobachtungen bestehen, die ich damit in Verbindung bringe.

Senator Douglas sagte in seiner, vergangenen Herbst zu Columbus, Ohio, gehaltenen Rede, wie solche von der New-York Times wiedergegeben wird, Folgendes:

„Als unsere Väter die Regierung gründeten, unter welcher wir leben, verstanden sie diese Frage genau eben so gut, und selbst besser, als wir jetzt;"

Ich bestätige dies vollkommen und ich wähle es für diese Rede als einen Text. Ich thue es, weil es einen genauen und passenden Ausgangspunkt für die Discussion, zwischen den Republikanern und jenem Flügel der Demokratie liefert, dessen Haupt der Senator Douglas ist. Es läßt uns einfach fragen: „was verstanden diese Väter bei der in Rede stehenden Frage?"

Was ist die Grundlage der Regierung, unter welcher wir leben?

Die Antwort muß sein: „Die Constitution der Vereinigten Staaten." Jene Constitution besteht aus der ursprünglich im Jahre 1787 gegründeten (unter welcher die gegenwärtige Regierung zuerst in Thätigkeit kam) und zwölf Zusatzartikeln, von denen die ersten zehn im Jahre 1789 beschlossen wurden.

Wer waren unsere Väter, welche die Constitution gründeten? Ich glaube, die „neun und dreißig," welche das Original-Document zeichneten, mögen mit vollem Recht als unsere Väter genannt werden können, von denen jener Theil des gegenwärtigen Gouvernements gegründet ward. Es ist fast durchaus genau, zu sagen, sie gründeten

es, und es ist über allen Zweifel hinaus wahr, daß sie in der voll=
kommensten Weise die Meinung und Empfindung der ganzen Nation
jener Zeit repräsentirt haben. Da ihre Namen so ziemlich Jeder=
mann bekannt sind, und gewiß von Allen auf die leichteste Weise ken=
nen gelernt werden können, so habe ich nicht nöthig, sie jetzt hier zu
wiederholen.

Ich nehme also jetzt an, daß die „neun und dreißig" „unsere Väter"
gewesen sind, „welche die Regierung, unter der wir leben, gründeten."

Was ist die Frage, welche nach unserm Texte unsere Väter ebenso
gut, und selbst besser, als wir jetzt, verstanden?

Es ist diese: Ist unserer Bundesregierung durch eine besondere
Theilung der Lokal= von der Bundesgewalt oder durch irgend etwas
in der Constitution untersagt worden, das Sklavenwesen in unsern
Bundes=Territorien zu controliren?

Hierauf spricht sich Douglas in bejahender, die Republikaner spre=
chen sich dagegen in verneinender Weise aus. Diese Affirmation
und Negative machen einen Streitpunkt aus; und dieser Streitpunkt
— diese Frage ist eben das, wovon der Text erklärt, unsere Väter
hätten es besser verstanden, als wir.

Laßt uns nun untersuchen, ob die „neun und dreißig" oder einige
von ihnen jemals auf diese Frage eingewirkt haben; und wenn sie es
thaten, wie sie darauf wirkten, — wie sie jenes bessere Verständniß
zum Ausdrucke brachten.

Im Jahre 1784 — drei Jahre vor der Constitution — gehörte
den Vereinigten Staaten das nordwestliche Territorium und nicht
mehr. Vor den Congreß der Conföderation kam die Frage des Skla=
verei=Verbotes in jenem Territorium; und vier von „neun und drei=
ßig," die späterhin die Constitution gründeten, saßen in jenem Con=
greß und votirten bei dieser Frage mit. Von diesen gaben Roger
Sherman, Thomas Mifflin und Hugh Williamson ihre Stimmen
für das Verbot — so zeigend, daß nach ihrer Auffassung keine Tren=
nungslinie zwischen Lokal= und Bundesgewalt, noch irgend etwas
anders dem Bundes=Gouvernement füglich untersage, die Sklaverei
in Bundes=Territorien zu beschränken. Der andere von den Vieren —
James McHenry — stimmte gegen das Verbot und zeigte so,
daß er aus irgend einem Grunde es für ungeeignet hielt, dafür zu
votiren.

Bevor noch im Jahre 1787 die Constitution gegründet ward,
während jedoch die Versammlung schon bei ihrer Berathung war,
zu einer Zeit also, wo das nordwestliche Territorium der
einzige Territorialbesitz der Vereinigten Staaten war, — kam

dieselbe Frage wegen Verbots der Sklaverei wiederum vor den Congreß der Conföderation, und drei mehr von den „neun und dreißig," die darauf die Constitution zeichneten, waren in diesem Congreß und stimmten über die Frage ab. Sie hießen William Blount, William Few und Abraham Baldwin; und sie Alle votirten für das Verbot, so zeigend, daß nach ihrer Auffassung keine Trennungslinie zwischen Lokal= und Bundesgewalt, noch irgend etwas Anderes der Bundes=Regierung füglich untersage, die Sklaverei in den Bundes= territorien zu controliren. Dies Mal wurde das Verbot zum Gesetz und ist ein Theil des nunmehr unter dem Namen der Ordonanz von 1787 wohl bekannten Erlasses.

Die Frage der Bundescontrole bezüglich des Sklavereiwesens in den Territorien scheint nicht direct vor die Versammlung, welche die ursprüngliche Constitution begründete, gebracht worden zu sein; daher finden wir nichts darüber verzeichnet, daß die „neun und dreißig" oder Einige von ihnen bei der Berathung jener Urkunde sich irgend= wie über diese besondere Frage erklärt hätten.

Durch den ersten Congreß, der auf Grund der Constitution im Jahre 1789 zusammentrat, wurde ein Gesetz zur Bestätigung der Ordonanz von 1787 erlassen und darin das Verbot der Sclaverei in dem nordwestlichen Territorium ausgesprochen. Der Berichterstatter über die Bill dieses Gesetzes war einer der „neun und dreißig," Thomas Fitzsimmons, damals ein Mitglied des Pennsylvanischen Repräsentantenhauses. Sie ging durch alle Stadien ohne ein Wort der Opposition und passirte schließlich beide Branchen ohne Ja's und Nein's, was einer einstimmigen Annahme gleichbedeutend ist. Bei diesem Congreß waren sechszehn von jenen „neun und dreißig" Vä= tern, den Gründern unserer ursprünglichen Constitution, versammelt. Sie hießen John Langdon, Nicholas Gilman, Wm. S. Johnson, Roger Sherman, Robert Morris, Thos. Fitzsimmons, William Few, Abraham Baldwin, Rufus King, William Patterson, George Cly= mer, Richard Bassett, George Read, Pierce Butler, Daniel Carroll, James Madison.

Hieraus ist ersichtlich, daß nach ihrer Auffassung keine Theilungs= linie zwischen Lokal= und Bundesgewalt, noch irgend etwas in der Constitution dem Congreß das Verbot der Sklaverei in den Bundes= Territorien füglich untersage; ihre Treue sowol, mit der sie an wah= ren Grundsätzen hingen, als ihr Eid, die Constitution zu halten, würde sie andern Falls unbedingt genöthigt haben, sich dem Verbote zu widersetzen.

Dann war George Washington, auch einer von den „neun und

dreißig," damals Präsident der Vereinigten Staat
und zeichnete als solcher die Bill und erhob sie dad
zeigend, daß nach seiner Auffassung keine Theil=
Lokal= und Bundesgewalt, noch irgend etwas i
der Bundesregierung untersage, das Sklavereiwe[
territorien zu controliren.

Nicht lange nach der Annahme der ursprüng
trat Nord=Carolina der Bundesregierung den La=
nun den Tennessee Staat ausmacht; und ein
cedirte Georgia den Landestheil, aus welchem gege
ten Mississippi und Alabama bestehen. In beiden
wurde von den cedirenden Staaten die Bedingun
Bundesregierung in den abgetretenen Landstrich
verbot nicht erlassen dürfe. Unter solchen Umstä[
Congreß bei Uebernahme dieser Territorien die Sk
nicht ausdrücklich. Aber man trat doch vermittel[
zu einem gewissen Grade eine Art von Control[
1798 wurde das Mississippi Territorium vom
In der Organisationsacte untersagte man, Sklav
rium von irgend einem Platze außerhalb der V
unter Androhung von Geldstrafen und außerdem
so gekauften Sklaven einzuführen. Dieser Act p[
spruch beide Branchen des Congresses, worin da
„neun und dreißig" saßen, welche die ursprüngliche
deten. Sie hießen John Langdon, George N[
Baldwin. Sie Alle stimmten wahrscheinlich dafü[
sie ihre Opposition offiziell kund gegeben haben, [
gewesen wären, daß eine Theilungslinie zwischen
desgewalt, oder irgend etwas in der Constitution [
rung füglich untersage, eine Controle über das
den Bundesterritorien auszuüben.

Im Jahre 1803 kaufte die Bundesregierung
Bis dahin rührten unsere Landacquisitionen v[
andern unserer eigenen Staaten her; aber dies L[
fremden Nation erstanden. Es erhielt im Jahre [
desselben, welcher gegenwärtig den Louisianastaat [
Congresse eine Territorial=Organisation. Nen
jenem Theile lag, war eine alte und verglei[
Stadt. Außerdem gab es dort noch andere betr[
und Ansiedelungen; die Sklaverei war überaus
der Bevölkerung auf das innigste untermischt. J

Acte verbot der Congreß nicht die Sklaverei, doch trat man hemmend dazwischen, übte eine Controle aus und dies bei weitem schärfer und ausgedehnter als in dem Mississippi=Territorium. Das Wesentliche dessen was man bezüglich der Sklaverei vorgesehen, war:

Erstens, daß kein Sklave aus fremden Gegenden eingeführt werden dürfe.

Zweitens, daß kein Sklave dorthin kommen solle, der seit dem 1. Mai 1798 in die Vereinigten Staaten importirt worden ist.

Drittens, daß kein Sklave in das Land gebracht werden solle, außer von seinem Eigenthümer, der sich desselben als Ansiedler selbst bedient; die Uebertretungsstrafe in all' diesen Fällen bestand aus einer Geldbuße und Freilassung des Sklaven.

Auch dieser Act ging ohne Widerruf durch. In dem Congresse, welchen er passirte, saßen zwei jener „neun und dreißig." Sie hie=ßen Abraham Baldwin und Jonathan Dayton. Wie bereits bei der Mississippisache erwähnt, so ist's wahrscheinlich, daß hier ebenfalls Beide dafür gestimmt haben. Sie würden die Vorlage nicht haben passiren lassen, ohne offiziell ihre Opposition kund zu geben, wenn nach ihrer Auffassung es irgend eine Linie der Theilung zwischen Lokal= und Bundesgewalt oder irgend eine Bestimmung der Consti= tution gäbe, die hierdurch verletzt worden wäre.

In den Jahren 1819 bis 1820 kam die Missourifrage vor das Haus. Vielfache Abstimmungen wurden in beiden Branchen des Congresses über die verschiedenen Phasen der allgemeinen Frage vor= genommen. Zwei von den „neun und dreißig" — Rufus King und Charles Pinckney — waren damals Mitglieder des Hauses. Hr. King votirte auf das entschiedenste für das Sklavereiverbot, und gegen alle Compromisse, während Hr. Pinckney mit derselben Be= stimmtheit gegen das Sklavereiverbot und gegen alle Compromisse sich wendete. Hierdurch zeigte Hr. King, daß nach seiner Auffassung keine Theilungslinie zwischen Lokal= und Bundesgewalt, noch irgend etwas in der Constitution durch den Congreß beim Verbot der Skla= verei in den Bundesterritorien verletzt würde; während Hr. Pinckney durch seine Abstimmung darlegte, es lägen seiner Ansicht nach genü= gende Gründe vor, um in dieser bestimmten Sache das Sklaverei= verbot nicht aufrecht zu halten.

Die bis jetzt erwähnten Fälle sind die einzigen Veranlassungen, bei welchen die „neun und dreißig" oder einige derselben über den vorlie= genden Standpunkt direkte Erklärungen abgaben, — insoweit ich wenigstens habe ermitteln können.

Zählen wir die einzelnen Personen zusammen, so haben wir vier im

3..1784, drei in 1787, siebenzehn in 1789, drei in 1798, zwei in 1804 und zwei in 1819—20 — mithin ein und dreißig zusammen. Doch würden in solcher Weise John Langdon, Roger Sherman, William Few, Rufus King und George Read, jeder zwei Mal und Abraham Baldwin vier Mal zählen. Die wirkliche Zahl unter jenen „neun und dreißig“, von denen ich nachgewiesen habe, daß sie bei der Frage, die nach unseren Textesworten von ihnen besser als von uns verstanden werden, mitwirkten, — ist drei und zwanzig; sonach verbleiben sechzehn, von denen keinerlei Mitwirkung hierbei bekannt geworden.

Wir sehen sonach drei und zwanzig jener, „neun und dreißig“ Väter, welche die Regierung errichteten, unter der wir leben, bei der Verantwortlichkeit ihrer Dienststellung und ihres körperlichen Eides genau d i e Frage in die Hand nehmen, von der unser Text versichert, „sie verständen sie ebenso gut und selbst besser als wir gegenwärtig;“ wir sehen, wie ein und zwanzig von ihnen — eine entschiedene Majorität von neun und dreißig — so handelten, daß man sie einer großen politischen Unredlichkeit und offenbaren Meineids zeihen müßte, wenn ihrer Meinung nach irgend eine bestimmte Vertheilung zwischen Lokal= und Bundesgewalt, oder irgend etwas in der Constitution, die sie selbst gegründet und beschworen hatten, dem Bundesgouvernement verboten hätte, das Sklavereiwesen in den Bundesterritorien zu kontroliren. So handelten die ein und zwanzig Männer; und wenn Thaten lauter als Worte sprechen, so reden Handlungen bei solcher Verantwortlichkeit gewiß am lautesten.

Zwei von den drei und zwanzig votirten gegen das Verbot der Sklaverei in den Territorien Seitens des Kongresses, in den Fällen wo sie dabei mit zu wirken hatten. Es ist uns nicht bekannt, aus welchen Gründen sie so abgestimmt haben. Es geschah vielleicht, weil sie dachten, daß eine geeignete Vertheilung der Lokal= und Bundesgewalt, oder irgend ein Vorbehalt oder Prinzip der Constitution im Wege stünde, oder sie mögen vielleicht, ohne Rücksicht darauf gegen das Verbot gestimmt haben, weil sie überhaupt genügende Gründe für ihr Votum zu haben glaubten. Niemand, der geschworen hat, die Constitution zu halten, kann gewissenhaft für etwas stimmen, was er für eine nicht verfassungsmäßige Maßregel hält, wie dienlich sie ihm sonst auch scheinen mag; aber Jemand kann und sollte gegen eine Maßregel votiren, die, obschon er sie für konstitutionell hält, ihm doch gleichzeitig nicht rathsam erscheint. Nicht mit Bestimmtheit können wir deshalb annehmen, die Beiden stimmten gegen das Verbot, weil nach ihrer Auffassung eine besondere Tren=

nung der Lokal= von der Bundesgewalt, oder irgend etwas in der
Konstitution der Bundesregierung verbot, die Sklaverei in den Bun=
desterritorien zu kontroliren.

Die übrigen sechszehn von den „neun und dreißig" haben — so
viel ich entdecken konnte — kein officielles Zeugniß ihrer Auffassung
der vorliegenden Frage über Sklavereikontrole auf Territorialgebie=
ten Seitens der Bundesregierung hinterlassen. Viele Gründe lie=
gen jedoch zu der Annahme vor, daß ihre Anschauung in dieser Sache
sich nicht abweichend von der ihrer drei und zwanzig Kollegen her=
ausgestellt haben würde, wenn sie überhaupt kundgegeben worden
wäre.

Um an unserm Texte streng festzuhalten, habe ich absichtlich unter=
lassen über die Aeußerungen sonst welcher — auch der hervorragend=
sten Persönlichkeiten mit Ausschluß eben der neun und dreißig Väter,
welche unsere ursprüngliche Constitution gründeten, mich zu verbrei=
ten, und aus demselben Grunde habe ich die Angabe dessen unterlas=
sen, was selbst von irgend einem der „neun und dreißig" bei etwaigen
anderen Debatten über die allgemeine Sklavereifrage erklärt wurde.
Wollten wir in ihren Verhandlungen oder Deklarationen darüber nach=
sehen, wie z. B. über den fremden Sklavenhandel und die Moralität
und Politik der Sklaverei im Allgemeinen, so würde es uns ersicht=
lich werden, daß jene sechszehn über die spezielle Frage der Bundes=
gewalt in Betreff der Sklaverei in den Territorien, — wenn sie
überhaupt damit zu thun gehabt hätten — genau ebenso wie die drei
und zwanzig gestimmt haben würden. Unter jenen sechszehn waren
mehrere der entschiedensten Anti=Sklavereimänner jener Zeit, —
wie Dr. Franklin, Alexander Hamilton und Gouverneur Morris —
während nicht Einer sich darunter befand, von dem man jetzt wüßte,
er hätte anders gehandelt, mit Ausnahme vielleicht von John
Rutledge von Süd=Karolina.

Aus dem Ganzen geht hervor, daß von unsern (neun und dreißig)
Vätern, welche die ursprüngliche Konstitution gründeten, ein und
zwanzig — mithin eine große Majorität, zweifellos sich dahin er=
klärten, daß keine besondere Trennung der Lokal= von der Bundes=
gewalt, noch irgend ein Theil der Konstitution, der Bundesregierung
untersagt, die Sklaverei in den Bundes=Territorien zu kontro=
liren; während alle übrigen wahrscheinlich dieselbe Ansicht hatten.
So ohne alle Frage, war die Anschauung unserer Väter, welche die
ursprüngliche Constitution gründeten und von denen unser Text ver=
sichert, daß sie die Frage besser als wir verstanden. Aber bis hier=
her habe ich die Auffassung der Frage nur in Betracht gezogen, wie

3

sie von den Gründern der ursprünglichen Constitution an den Tag gelegt worden ist. In dem und durch das Original-Dokument hatte man sich vorbehalten, eine Verbesserung eintreten zu lassen, und wie ich bereits anführte, besteht der gegenwärtige Regierungsbau, unter dem wir leben, aus jener ursprünglichen Festsetzung und zwölf seitdem in Berathung gezogenen und angenommenen Zusatzartikeln. Diejenigen, welche gegenwärtig darauf bestehen, die Bundeskontrole der Sklaverei in Bundes-Territorien verletze die Constitution, weisen uns auf die Vorbehalte hin, von denen sie glauben, daß dieselben auf diese Weise verletzt werden würden; und soviel ich verstehe, richtet man ausschließlich seinen Blick auf Vorbehalte in den Zusatzartikeln, und nicht in dem ursprünglichen Instrumente. Der oberste Gerichtshof selbst stützt sich in der Dred-Scott-Sache auf den fünften Zusatzartikel, wonach „keine Person ihres Eigenthums beraubt werden darf, ohne einen gehörigen gesetzlichen Prozeß," wogegen Senator Douglas und seine speziellen Anhänger sich auf den zehnten Artikel stützen, wonach „jede durch die Konstitution nicht zugestandene Gewalt den verschiedenen Staaten und dem Volke reservirt ist."

Nun trifft es sich so, daß diese Zusatzartikel durch den ersten Congreß, welcher auf Grund der Constitution zusammentrat, beschlossen wurden, welches dieselbe Versammlung ist, die den schon erwähnten Akt erließ, wodurch das Sklavereiverbot in dem nordwestlichen Territorium durchgesetzt wurde. Und nicht allein war es derselbe Congreß, sondern es waren ganz und gar dieselben Persönlichkeiten, die in derselben Sitzungsperiode und zur gleichen Zeit jene Constitutions-Zusatzartikel und den Akt berathen und beschlossen hatten, wodurch die Sklaverei in allen der Nation damals gehörigen Territorien, verboten wurde. Die Verfassungszusätze wurden zuerst in Berathung gezogen, aber erst nach Bestätigung der Ordonanz von 1787 endgültig beschlossen; so daß, während die Bestätigungsakte der Ordonanz schwebte, die Constitutionszusätze ebenfalls in der Schwebe blieben.

Jener Congreß bestand im Ganzen aus 76 Mitgliedern, von denen 16 den Gründern der ursprünglichen Constitution angehörten, welche, wie bereits vorhin erwähnt, vorzugsweise unsere Väter waren, die jenen Theil der Regierung gründeten, unter der wir jetzt leben und von der nunmehr behauptet wird, sie untersage der Bundesregierung die Sklavereicontrole in den Bundesterritorien.

Ist es nicht etwas vermessen, wenn jemand heutzutage annimmt, daß die zwei Dinge, welche jener Congreß zur selben Zeit in Berathung zog und zur Schlußreise brachte, eins mit dem andern vollständig zusammenhanglos daständen? Und wird eine solche Annahme nicht zur schamlosen Absurdität, wenn man sie aus demselben Munde mit der Behauptung gepaart hört, daß die Männer, welche die zwei angeblich zusammenhanglosen Dinge vollbrachten, besser als wir verstanden, ob sie in der That zusammenhanglos waren, ja besser verstanden, als derjenige, der uns versichert, sie seien zusammenhanglos? Es ist sicherlich anzunehmen, daß die „neun und dreißig" Gründer der ursprünglichen Verfassung und die 76 Mitglieder des Congresses, der die ersten Zusatzartikel beschloß, zusammengenommen zweifellos alle diejenigen einschließen, die man mit gutem Rechte „unsere Väter" nennen kann, „welche die Regierung gründeten, unter der wir leben."

Dies vorausgeschickt, fordere ich Jedermann auf, mir zu zeigen, ob irgend einer von jenen Männern jemals in seinem ganzen Leben erklärte, daß nach seiner Auffassung eine besondere Trennung der Lokal= von der Bundesgewalt oder irgend ein Theil der Constitution der Bundesregierung untersage, die Sclaverei in den Bundes=Territorien zu controliren. Ich gehe einen Schritt weiter. Ich fordere Jedermann auf, zu zeigen, ob irgend ein lebender Mensch in der ganzen Welt vor Anfang des jetzigen Jahrhunderts (und ich möchte fast sagen, vor dem Beginn der letzten Hälfte des gegenwärtigen Jahrhunderts) jemals erklärt hat, daß seiner Anschauung nach irgend eine besondere Theilung der Lokal= und Bundesgewalt, oder irgend eine Stelle der Verfassung das Verbot für die Bundesregierung aus= spreche, eine Controle über das Sclavereiwesen in den Bundesterritorien auszuüben. Denen, welche sich gegenwärtig so erklären, über= lasse ich nicht allein „unsere Väter, die Gründer der Regierung, unter der wir leben," sondern mit ihnen auch alle Männer, die in dem Jahrhundert lebten, worin das Verfassungswerk geschaffen wurde, um unter ihnen das Zeugniß eines einzigen Mannes zu finden, der mit solchen Ansichten übereinstimmte.

Laßt uns hier ein klein wenig verweilen, um mich gegen ein Miß= verständniß zu schützen. Ich will mit dem, was ich gesagt habe, nicht ausdrücken, wir wären verpflichtet, in was es auch sei, blindlings Allem zu folgen, was unsere Väter thaten. So zu handeln, hieße alles Licht der wachsenden Erfahrung beseitigen — allen Fortschritt, jede Verbesserung verwerfen. Was ich sage, ist, daß, wenn wir die Ansichten und die Politik unserer Väter in irgend einer Sache ver= drängen wollen, wir es nur auf Grund eines so bündigen Zeugnisses und so klaren Argumentes thun dürfen, daß selbst i h r e große Auto= rität, unparteiisch in Betracht gezogen und erwogen, nicht Stich hal= ten kann. Und sicherlich müßte ein so vorsichtiges Verfahren, nament=

lich in einer Sache Platz greifen, wo wir selbst erklären, daß s i e die Frage besser als wir verstanden.

Wenn irgend Jemand heutzutage aufrichtig glaubt, daß eine gewisse Theilung der Lokal= und der Bundesgewalt oder irgend ein Theil der Constitution der Bundesregierung untersage, das Sklavereiwesen in den Bundesterritorien zu controliren, so hat er ein Recht, so zu sagen, und seine Behauptung durch jegliches ehrliche Zeugniß und unpar= teiische Argument, so viel er kann, zu unterstützen. Er hat aber kein Recht, Andere, welche weniger Zugang zu den Büchern der Geschichte und weniger Muße haben, sie zu studiren, durch den falschen Glauben zu mißleiten, daß „unsere Väter, welche die Regierung gründeten," derselben Ansicht waren, — denn so unterstellen sie Falschheit und Trug dem ehrlichen Zeugniß und aufrichtigen Argument. Wenn Jemand heutzutage aufrichtig glaubt, daß „unsere Väter, welche die Regierung gründeten, unter der wir leben," in andern Fällen Prin= zipien benutzten und verwendeten, welche sie zu der Auffassung hätten führen sollen, daß eine besondere Trennung der Lokal= von der Bun= desgewalt oder irgend ein Theil der Verfassung der Bundesregierung untersage, das Sklavereiwesen in den Bundesterritorien zu controli= ren, so ist er zu dieser Erklärung durchaus berechtigt. Aber er sollte gleichzeitig auch der Verantwortlichkeit Trotz bieten, welche er durch eine fernere Erklärung zu übernehmen hat, daß er die Prinzipien unserer Väter weit besser begreife, als sie selbst es thaten, und beson= ders sollte er jene Verantwortlichkeit nicht vermeiden, wenn er geltend macht, daß s i e „die Frage ebenso gut und selbst besser als wir ver= standen haben."

Genug aber. Laßt Alle, welche glauben, daß „unsere Väter, welche die Regierung gründeten, unter der wir leben, diese Frage ebenso gut als wir verstanden," danach sprechen wie sie sprachen, und handeln, wie sie handelten. Das ist Alles in Bezug auf Sklaverei, was Republikaner verlangen, was Republikaner wünschen. Wie unsere Väter sie auffaßten, so laßt es uns auch thun: als ein Uebel, das nicht auszudehnen, wohl aber zu toleriren und zu beschützen ist, wenn auch einzig und allein nur, als und insofern ihr thatsächliches Vorhandensein unter uns jene Tolerirung und Beschützung zur Noth= wendigkeit macht. Laßt alle die Garantien, welche die Väter dafür gaben, nicht mit widerstrebendem Verdruß, sondern mit offener, un= parteiischer Ehrlichkeit aufrecht erhalten. Danach streben die Repu= blikaner und damit werden sie, so viel ich weiß oder glaube, zufrieden gestellt sein.

Und wenn nun die Männer des Südens in demselben Maaße mir

zuhören möchten, wie ich glaube, daß sie es nicht thun werden, wollte ich einige Worte an sie richten.

Ich wollte ihnen sagen: Ihr· seht euch selbst als vernünftige und gerechte Leute an und ich glaube, daß in Bezug auf die allgemeinen Eigenschaften der Vernunft und Gerechtigkeit ihr unter keinem andern Volke steht. Wenn ihr jedoch von uns Republikanern sprecht, geschieht es nur, um uns als kriechende Thiere oder im besten Falle noch als geächtete Banditen zu bezeichnen. Ihr wollt Piraten oder Mördern Gehör schenken, aber niemals einem Etwas, das „schwarzen Republikanern" gliche. In all' euern gemeinschaftlichen Kämpfen scheint jeder von euch eine unbedingte Verdammung des „schwarzen Republikanerthums" als den ersten Gegenstand zu erwarten. In der That scheint eine solche Verdammung unserer Partei ein unentbehrliches Vorrequisit, scheint der Freibrief zu sein, um überhaupt bei euch zugelassen zu werden oder die Erlaubniß zu erhalten, vor euch zu sprechen.

Nun, könnt ihr es denn oder könnt ihr es nicht über euch gewinnen, zu überlegen und zu untersuchen, ob das uns oder auch nur euch selbst gegenüber gerecht erscheint?

Bringt eure Anklagen und genauen Angaben vor und dann wartet unsere Zurückweisung oder Rechtfertigung ab.

Ihr sagt, wir wären parteisüchtig. Wir weisen das von uns, und so hätten wir einen Streitpunkt, wo euch die Beweisführung obliegt. Ihr bringt euern Beweis vor; und worin besteht er? Je nun, daß unsere Partei nicht in der eurigen aufgeht, nicht ebenso stimmt, wie ihr es thut. Die Thatsache an sich ist unbezweifelt richtig; hat sie jedoch irgend eine Beweiskraft? Wäre dem so, so würden wir aufhören, parteisüchtig zu sein, wenn wir ohne Prinzipienwechsel uns dazu verstehen könnten, mit euch zu votiren. Ihr müßt die Richtigkeit dieser Schlußfolgerung anerkennen; und seid ihr nun willig, euch ihr zu unterwerfen. Wenn dem so geschähe, würdet ihr wahrscheinlich bald finden, daß wir aufhörten, parteisüchtig zu sein, da wir das ganze Jahr· über mit euch votiren würden. Dann würdet ihr finden, wie entschieden wahr es ist, daß euer sogenannter Beweis die Streitfrage ganz und gar nicht berührt. Der Umstand, daß wir mit euch nicht stimmen, kann euerer, nicht aber unserer Partei gegenüber geltend gemacht werden. Und wenn hierbei irgend Jemand Schuld beizumessen, so seid ihr des Unrechts zu zeihen und zwar so lange, bis ihr zeigen könnt, daß wir gegen euch mit schlechten Prinzipien und niedrigen Ränken zu Felde ziehen. Wenn wir euch auf solche Weise opponiren, dann allerdings ist der Fehler auf unserer Seite.

Das bringt uns nun dahin, von wo Ihr hättet ausgehen sollen, zur Diskussion über die Rechtmäßigkeit oder Unrechtmäßigkeit unsers Prinzips. Wenn wir durch Ausführung unsers Prinzips eurer Partei, zum Vortheil der unsrigen, oder irgend einer andern Person oder Sache Unrecht thäten, dann würde unser Prinzip und wir mit ihm parteisüchtig und somit mit Recht zu denunciren und anzugreifen sein. Fassen wir nun aber doch die Frage näher in's Auge und sehen wir zu, ob die Ausbeutung unsers Prinzips eurer Partei Schaden bringe, und ob es möglich, daß uns hierin etwas zur Last gelegt werden könne? Nehmt ihr die Herausforderung an? Nein? Dann glaubt ihr in der That, daß das Prinzip, welches unsere Väter, die die Regierung, unter der wir leben, gründeten, für so durchaus recht erachteten, daß sie es adoptirten und wieder und wiederum durch ihren Amtseid bekräftigten, in der That so unbestritten falsch sei, daß es von euch, ohne einen Augenblick zu zögern, verworfen werden müßte.

Manche unter Euch finden besonderes Vergnügen daran, vor unsern Augen mit der Warnung einherzustolziren, die Washington in seiner Abschiedsaddresse ausgesprochen hat. Weniger als acht Jahre bevor er diese Warnung ertheilte, hatte er, als Präsident der Ver. Staaten, eine Congreßakte genehmigt und unterzeichnet, durch welche das Sklavereiverbot in dem nordwestlichen Territorium in Anwendung gebracht wurde. Dieser Akt verkörpert die Regierungspolitik über den in Frage stehenden Gegenstand bis hinauf und zu ganz demselben Augenblick hin, wo er jene Warnung verkündete; und ein Jahr, nachdem Letzteres geschehen, schrieb er an Lafayette, daß er jenes Verbot als eine weise Maßregel betrachte, und sprach in Verbindung damit die Hoffnung aus, daß wir in Bälde einen Bund freier Staaten haben würden.

Zieht Ihr dies in Betracht und seht wie die Parteien über denselben Gegenstand seitdem entstanden, so frage ich, ob jene Warnung eine Waffe in Euern Händen gegen uns oder in den unsrigen gegen Euch ist? Würde Washington, wenn er selbst sprechen könnte, uns der Parteisucht beschuldigen, die wir seine Politik verfechten, oder Euch, die Ihr sie zurückweis't? Wir verehren die Warnung Washington's, und wir empfehlen sie Euch, in Gemeinschaft mit seinem Beispiel in Betreff der richtigen Auffassung.

Aber Ihr sagt ferner, Ihr wäret conservativ — ganz außerordentlich conservativ — während wir aufrührerisch, zerstörungssüchtig und was sonst noch der Art wären. Was ist Conservatismus? Ist es nicht ein Hängen am Alten und durch Erfahrung Erprobten, dem

Neuen und Ungeprüften gegenüber? Wir stützen uns in der Contro=
versfrage auf die nämliche alte Politik und verfechten dieselbe, welche
von unsern Vätern, den Gründern der Regierung, unter der wir
leben, angenommen wurde, während Ihr insgesammt jene alte Po=
litik verwerft, verspottet und begeifert, und mit Hartnäckigkeit darauf
besteht, an ihre Stelle etwas Neues zu setzen. Allerdings seid Ihr
selbst darüber noch nicht einig, was Ihr dann als Ersatzmittel geben
wollt. Ihr habt eine beträchtliche Anzahl verschiedenartiger neuer
Vorschläge und Pläne zur Hand — doch in dem Verwerfen und
Schmähen der alten Politik, da seid Ihr einzig und allein einstim=
mig und verbunden. Einige unter Euch sind für die Wiederherstellung
des fremden Sklavenhandels; Andere für ein Sklavengesetz, welches
der Congreß für die Territorien zu erlassen habe; noch welche für ein
Verbot Seitens des Congresses an die Territorien, die Sklaverei aus
ihren Grenzen auszuschließen; wiederum Andere für Aufrechthaltung
der Sklaverei in den Territorien durch richterliche Gewalt; ferner
solche, die dem Prinzipe zugethan sind, „daß wenn irgend Jemand
einen Andern zum Sklaven mache, ein Dritter nichts drein zu reden
habe," was man phantastisch genug „Volks=Souveränetät" nennt;
niemals war jedoch ein Mann unter Euch, der sich zu Gunsten des
Bundes=Verbots der Sklaverei in Bundes=Territorien, den Grund=
sätzen entsprechend erklärt hätte, wie solche unsere Väter, die Gründer
der Regierung, unter welcher wir leben, zur Anwendung gebracht
haben. Nicht einer von all' jenen verschiedenen Plänen kann ein
Präcedenz oder einen Vertheidiger in dem Jahrhundert finden, wel=
ches unsere Verfassung entstehen sah. Beurtheilt nun, ob Euer An=
spruch auf Conservatismus Seitens Eurer Partei, und Eure Be=
schuldigung destruktiver Tendenzen gegen uns auf so äußerst klarer
und sicherer Grundlage ruhen.

Wiederum sagt Ihr, wir hätten die Sklavereifrage mehr hervor=
gezogen, als sie es früher gewesen. Das bestreiten wir. Wir geben
zu, daß sie gegenwärtig mehr im Vordergrunde steht, aber wir be=
streiten, daß wir hierzu die Veranlassung gaben. Wir nicht, aber
Ihr seid es gewesen, die Ihr die alte Politik unserer Väter verwor=
fen habt. Wir leisteten Eurer Neuerung Widerstand und thun es
noch; und daher kommt es, daß diese Frage jetzt mehr hervorragt.
Wollt Ihr dieselbe in die früheren Verhältnisse zurückführen? Nehmt
dann die alte Politik an. Was gewesen, wird unter denselben
Verhältnissen auch wieder sein. Wollt Ihr den Frieden der alten
Zeit haben, so nehmet die Lehre und die Politik der alten Zei=
ten an!

Ihr klagt uns an, wir veranlaßten Aufstände unter den Sklaven. Wir bestreiten das; und worin besteht Euer Beweis? Harper's Ferry! John Brown! John Brown war kein Republikaner, und Ihr habt nicht vermocht, einen einzigen Republikaner, als bei der Harper's Ferry Unternehmung mit betheiligt zu entdecken. Wenn irgend ein Mitglied unserer Partei hierbei schuldig ist, so wißt Ihr es, oder Ihr wißt es nicht. Wenn Ihr es wißt, so seid Ihr gar nicht zu entschuldigen, daß Ihr den Mann nicht bezeichnet und das Faktum bewiesen habt. Wenn Ihr es nicht wißt, so seid Ihr ebenso wenig zu entschuldigen, und insbesondere, wenn Ihr dann fortfahrt in Eueren früheren Behauptungen, unerachtet Ihr doch erfolglos versuchtet, solche zu beweisen. Ich brauche Euch wohl nicht zu sagen, daß, wenn Jemand einen Andern irgend einer Sache halber anklagt, von der er nicht gewiß weiß, daß sie sich so verhält, so ist ein solches Verfahren einfach — niederträchtige Verleumdung.

Einige von Euch meinen auch wohl, daß allerdings kein Republikaner geradezu die Harper's Ferry Geschichte direkt geleitet oder auch nur encouragirt habe, doch bestehen sie darauf, daß unsere Doctrinen und Deklamationen nothwendigerweise zu solchen Ergebnissen hätten führen müssen. Wir glauben das nicht. Wir wissen, daß wir uns auf keine Lehre stützen, daß wir keine Erklärungen abgeben, welche nicht bereits von unsern Vätern, den Gründern der Regierung, unter der wir leben, aufgestellt und verkündet worden sind. Ihr verfahrt niemals ehrlich mit uns in Betreff dieses Ereignisses. Als es erfolgte, waren einige wichtige Staatswahlen vor der Thüre, und Ihr empfandet ersichtliche Freude, in dem Glauben, daß, wenn Ihr die Schuld auf uns werfen könntet, ein Vortheil für Euch bei den Wahlen daraus hervorgehen müßte. Die Wahlen kamen und Eure Erwartungen wurden nicht durchaus erfüllt. Jeder Republikaner wußte, für seine Person wenigstens, daß Euere Beschuldigung Verleumdung sei, und er wurde dadurch eben nicht sehr geneigt gemacht, seine Stimme zu Euren Gunsten abzugeben. Republikanische Lehren und Erklärungen sind von einem unausgesetzten Protest gegen den Vorwurf erfüllt, in irgend einer Weise Euerem Sklavenwesen Einhalt zu thun oder Euch in Betreff der Sklaverei in's Gehäge zu kommen. Sicherlich können sich die Schwarzen dadurch eben nicht sehr zur Empörung aufgefordert fühlen. Allerdings sprechen wir in Gemeinschaft mit unseren Väter, welche die Regierung aufbauten, unter den wir leben, unsere Ansicht darüber aus, daß Sklaverei ein Unrecht sei; doch selbst diese Erklärung vernehmen ja die Sklaven nicht. Bei Allem, was wir sagen oder thun, dürften die Sklaven

kaum wiſſen, daß eine republikaniſche Partei überhaupt exiſtire. In
der That glaube ich, ſie würden es ganz und gar nicht wiſſen, wenn
Euere falſchen Darſtellungen nicht immer vorgebracht würden. Bei
den politiſchen Kämpfen jedoch im Schooße Euerer eigenen Partei
beſchuldigt jede Fraktion die andere der Sympathien mit dem ſchwar=
zen Republikanerthum, und, um die Anſchuldigung ſo recht effektreich
zu machen, wird dann der ſchwarze Republikanismus einfach als
Aufruhr, Blut und Donnerwetter unter den Sklaven definirt.

Sklaveninſurrektionen ſind jetzt nicht häufiger, als bevor die repu=
blikaniſche Partei organiſirt wurde. Was rief denn die Southamp=
ton=Empörung vor etwa 28 Jahren hervor, in welcher wenigſtens
drei Mal ſo viel Menſchenleben verloren gingen als zu Harper's
Ferry? Ihr könnt Euere elaſtiſche Phantaſie doch wohl kaum bis zu
der Schlußfolge erweitern, daß der ſchwarze Republikanismus auch
in Southampton ſeine Hand im Spiele gehabt habe? Bei der ge=
genwärtigen Lage der Dinge in den Vereinigten Staaten glaube ich
nicht, daß eine allgemeine, oder ſelbſt nur etwas umfangreiche Skla=
venempörung möglich ſei. Die unumgänglich nothwendige Ueber=
einſtimmung des Handelns iſt nicht zu erreichen. Die Sklaven haben
keine Mittel raſcher Kommunikation, noch können aufwiegleriſche
freie Schwarze oder Weiße dieſem Umſtande abhelfen. Die ent=
zündlichen Stoffe ſind allenthalben nur in kleinen Mengen vertheilt;
nirgends aber ſind die unumgänglich nothwendigen Verbindungen
weder vorhanden noch herzuſtellen.

Vieles haben uns die Leute aus dem Süden von der Zuneigung
der Sklaven für ihre Gebieter und Gebieterinnen erzählt; und in der
That iſt das Letztere auch theilweiſe begründet. — Eine Aufſtands=
verſchwörung könnte zwiſchen zwanzig Perſonen kaum angezettelt und
mitgetheilt werden, ohne daß nicht Einer oder der Andere unter ihnen,
um das Leben eines Lieblings=Herren oder einer Favorit=Gebieterin
zu retten, die Sache verriethe. So geht's in der Regel; und die
Sklaven=Revolte zu Hayti bildete keine Ausnahme davon, ſondern
war nur ein unter ganz eigenthümlichen Verhältniſſen vorgekomme=
ner Fall. Die Pulververſchwörung in der engliſchen Geſchichte, ob=
gleich keine Sklaven damit in Verbindung ſtanden, iſt hierfür ein
noch eclatanterer Beweis. In dieſem Falle waren nur gegen
zwanzig Perſonen in das Geheimniß eingeweiht, und doch verrieth
Einer von ihnen, in der Beängſtigung, einen Freund zu retten, die=
ſem Freunde die Verſchwörung und beugte in Folge deſſen dem ent=
ſetzlichen Unglück vor. Gelegentliche Vergiftungen durch die Küche,
offen oder geheim gehaltene Mordthaten auf freiem Felde, einzelne

Lokal-Revolutionen, die etwa ein Zwanzig und dergleichen umfassen, werden auch fernerhin als das natürliche Ergebniß der Sklaverei hervortreten; aber so viel ich glaube, kann in unserm Lande auf lange Jahre hinaus kein allgemeiner Sklavenaufstand stattfinden. Wo man einen solchen fürchtet oder erhofft — dürfte man sich gleichmäßig getäuscht sehen.

Herr Jefferson äußerte einstens vor einer Reihe von Jahren in einer Rede: „Noch steht es in unserer Macht, den Prozeß der Emancipation und Deportation friedlich und so allmälig auszuführen, daß das Uebel unbemerkbar verschwinden und seine Stelle, pari passu, durch freie weiße Arbeiter ausgefüllt sein werde. Wenn man es dagegen sich selbst die Bande sprengen läßt, so schaudert die menschliche Natur bei dem Bilde, welches sich dann uns in der Zukunft eröffnet." Herr Jefferson wollte damit nicht gesagt haben, noch wünsche ich dergleichen zu thun, als ob die Bundesregierung die Macht der Emancipation habe. Er sprach von Virginien; und bezüglich der Gewalt zur Herbeiführung der Emancipation rede auch ich von den sklavenhaltenden Staaten einzig und allein.

Die Bundesregierung hatte nichts desto weniger — und darauf bestehen wir — die Macht, die Ausdehnung des Instituts einzuschränken, — die Macht, eine Sklavenempörung für immer auf d e m amerikanischen Boden zu verhüten, welcher gegenwärtig frei von Sklaverei ist.

John Brown's Streben hatte einen ganz eigenthümlichen Charakte. Das Ereigniß war durchaus nicht ein Sklavenaufstand. Es war nur der Versuch von Weißen, unter den Sklaven eine Empörung hervorzurufen; doch die Sklaven selbst verweigerten jede Theilnahme. In der That, es war so unsinnig, daß selbst die Sklaven, bei all' ihrer Unwissenheit, klar genug erkannten, daß es nicht Erfolg haben konnte. Dies Ereigniß stimmt, seinem Wesen nach, mit den mancherlei Attentaten behufs Ermordung von Königen und Kaisern, wie sie in der Geschichte erzählt werden, überein. Ein Enthusiast brütet über der Unterdrückung eines Volkes, bis er sich einbildet, er selbst sei zu dessen Befreiung vom Himmel bestimmt worden. Er wagt den Versuch, der meisthin in keiner andern Weise, als mit seiner Hinrichtung ein Ende nimmt. Orsini's Attentat auf Louis Napoleon und John Brown's Angriff zu Harpers Ferry waren, ihrem Wesen nach, durchaus gleich. Die brünstige Begierde, alle Schuld auf Alt-England in dem einen und auf Neu-England in dem andern Falle zu werfen, widerspricht eben nicht der Gleichartigkeit beider Gegenstände.

Und was würde es Euch nützen, wenn Ihr mit Hülfe von John Brown, Helper's Buch und dergleichen die republikanische Organisation zertrümmern könntet? Menschliche Handlungen können bis zu einem gewissen Grade modificirt werden, die Menschennatur aber läßt sich nicht verändern. Es giebt in unserm Vaterlande ein Urtheil und ein Gefühl gegen die Sklaverei, welche zum Mindesten über ein und eine halbe Million Stimmen sich ausbreiten. Ihr könnt dies Urtheil, diese Empfindung — dies Gefühl — durch Zertrümmerung der politischen Organisation, worin sich das Alles vereinigt, nicht zerstören. Ihr könnt eine Armee kaum auseinander treiben und zerstreuen, die unter Euerm schwersten Feuer formirt wurde; wenn Ihr es aber könntet, was würdet Ihr aber denn durch das Ueberwältigen jener Empfindungen, die aus den friedlichen Canälen der Ballotirbüchsen treten und ein bei Weitem anderes Bett suchen und finden müßten, gewinnen? Und was würde jenes neue Bett wahrscheinlich sein? Würde durch ein solches Verfahren die Anzahl der John Brown's vermindert oder vermehrt werden?

Aber eher wollt Ihr die Union zertrümmern, als Euch zur Verläugnung Eurer constitutionellen Rechte verstehen.

Das klingt ein wenig liederlich und wäre zu entschuldigen, ja selbst vollauf gerechtfertigt, wenn wir durch die bloße Macht der Abstimmung Euch gewisser, in der Verfassungsurkunde klar verzeichneter Rechte berauben wollten. Weit entfernt sind wir jedoch, dergleichen zu beabsichtigen.

Als Ihr die Erklärung abgabt, deutet Ihr ausdrücklich und in durchaus verständlicher Weise auf Euer angemaßtes Recht hin, Sklaven in die Bundesterritorien einzuführen und sie daselbst als Eigenthum zu behalten.

Keineswegs aber ist eine solche Berechtigung in der Constitution ausdrücklich zuerkannt worden. Dieses Document erwähnt mit keinem einzigen Worte irgend solchen Rechtes. Und wir bestreiten sogar, daß der Gesammtinhalt auch nur stillschweigend ein derartiges Recht aufzuweisen habe.

Eure klar ausgesprochene Absicht ist also, die Regierung zu zertrümmern, wenn Euch nicht erlaubt würde, die Constitution in allen zwischen uns liegenden Streitpunkten nach Eurem Gefallen auszulegen und in solcher Art zwangsweise in Anwendung zu bringen. Ihr wollt unbedingt herrschen oder Alles in Trümmer legen.

So habt Ihr Euch uns gegenüber klar ausgesprochen. Vielleicht sagt Ihr nun, der oberste Gerichtshof habe ja die streitige Verfassungsfrage zu Euren Gunsten entschieden. Nicht ganz so. Sehen wir

von dem jurdischen Unterschiede zwischen Gesetz und richterlicher Ent=
scheidung ab, so haben die Gerichtshöfe zu Euren Gunsten gewisser=
maßen allerdings entschieden. Die Gerichtshöfe haben sich dahin
erklärt, es wäre Euer verfassungsmäßiges Recht, Sklaven in Bun=
desterritorien einzuführen und sie daselbst als solche zu behalten.

Wenn ich sage, es wäre gewissermaßen nur so entschieden worden,
so meine ich, daß jene Entscheidung keineswegs durch ein einstimmi=
ges Gerichts=Collegium, sondern von einer bloßen Stimmenmajori=
tät nur getroffen wurde, und daß die Beisitzer dieses Gerichtes keines=
wegs in den Urtelsgründen sich haben einigen können. Das
Judicat wurde publizirt, unerachtet oder weil seine anerkannten
Gönner über sein eigentliches Wesen nicht übereinstimmten; und es
basirte sich hauptsächlich auf ein falsch dargestelltes thatsächliches Ar=
gument, wonach nämlich „das Eigenthumsrecht auf einen Sklaven in
der Verfassungsurkunde deutlich und ausdrücklich bestätigt sein solle."

Eine Einsicht in die Constitution wird jedoch zeigen, daß in der=
selben das Eigenthumsrecht auf einen Sklaven keineswegs deutlich
und ausdrücklich zugesichert worden. Bemerket wohl: die Richter
stützten sich nicht auf die Rechtsansicht, daß ein derartiges Recht
stillschweigend in der Verfassungsurkunde garantirt worden,
sondern sie fußten darauf, daß es deutlich und ausdrücklich dort bestä=
tigt sei — „deutlich," das heißt: nicht von irgend etwas Ande=
rem verdeckt oder damit vermischt, — „ausdrücklich," das
heißt: in Worten, die eben dies genau meinen, ohne daß man des=
halb erst Folgerungen zu machen brauchte, und ohne daß irgend eine
andere Meinung überhaupt zulässig sei.

Wenn sie ihre richterliche Ansicht jedoch dahin ausgesprochen hät=
ten, daß solch ein Recht aus der Verfassungsurkunde blos stillschwei=
gend zu folgern sei, so hätte man ihnen noch ausdrücklich zeigen
können, daß weder das Wort „Sklave," noch „Sklaverei" noch selbst
das Wort „Eigenthum" in irgend einer Verbindung mit Stellen in
Betreff solcher Dinge wie Sklave oder Sklaverei in der Verfassungs=
urkunde zu finden ist, und daß, wo auch in jenem Instrumente auf
den Sklaven Bezug genommen wird, er selbst eine „Person" genannt
wird, sowie daß, wo auch des gesetzlichen Rechtes seines Herrn bezüg=
lich seiner erwähnt worden, hier nimmer anders als von einem
„Dienste" oder einer „Arbeitsverpflichtung," als von einer „Schuld"
gesprochen wird, die in Dienstleistungen oder Arbeit zu tilgen sei.

Ferner könnte man noch aus den Geschichtsbüchern damaliger Zeit
nachweisen, daß diese Weise, der Sklaven und Sklaverei zu erwähnen,
anstatt direct davon zu sprechen, in der Absicht angewendet wurde,

aus der Verfassung jedweden Gedanken auszuschließen, daß es ein Menscheneigenthum überhaupt geben könne.

Der Nachweis von alle dem ist leicht und unbestreitbar.

Wenn diese ersichtlich falsche Auffassung den Richtern vor die Augen gestellt wird, sollte man da nicht vernünftiger Weise erwarten können, daß sie ihre unrichtige Darstellung des Sachverhalts zurückziehen und den darauf ruhenden Beschluß auf's Neue in Erwägung ziehen werden?

Und dann muß man nicht außer Acht lassen, daß unsere Väter, welche die Regierung gründeten, unter der wir leben, — daß die Männer, welche die Verfassungsurkunde beriethen — dieselbe constitutionelle Frage zu unsern Gunsten lang zuvor entschieden haben, und zwar ohne in ihren Stimmen bei der Beschlußfassung getheilt zu sein, ohne eine Differenz der Ansichten in ihrem Schooße über die Bedeutung dessen, was geschehen soll, und endlich — soweit uns darüber Zeugnisse verblieben sind — ohne eine mißverstandene Darstellung der thatsächlichen Verhältnisse zur Grundlage ihrer Entscheidung zu nehmen.

Haltet Ihr unter solchen Umständen euch wirklich für gerechtfertigt, die Regierung zu zerstören, wenn nicht ein gerichtliches Urtel gleich dem Eurigen fortab zur entscheidenden und maßgebenden Regel politischen Handelns genommen werde?

Dann wollt Ihr Euch auch nicht der Wahl eines republikanischen Präsidenten unterwerfen. In einem solchen Falle — so sprecht Ihr Euch aus — wollt Ihr die Union auflösen; und dann — so sagt Ihr ferner — wird uns das große Verbrechen, die Union zerstört zu haben, zur Last fallen!

Das ist etwas stark. Ein Straßenräuber hält mir die Pistole an's Ohr und wispert zwischen den Zähnen: „steh' still und ergieb dich mir, oder ich werde dich tödten, und dann bist du ein Mörder!"

Sicherlich, was der Räuber von mir verlangt — mein Geld nämlich — war mein Eigenthum, und ich hatte ein entschiedenes Recht, es zu behalten; aber dies Recht darauf war keineswegs größer, als es das auf die Abgabe meiner politischen Stimme ist; und mir mit dem Tode zu drohen und Geld zu erpressen, dürfte im Prinzipe schwerlich von der Drohung einer Auflösung der Union und von der Erpressung meines Votums sehr verschieden sein.

Jetzt aber ein Paar Worte zu den Republikanern. Es ist außerordentlich wünschenswerth, daß alle Theile dieser großen Conföderation in Frieden und Einigkeit mit einander sind. Laßt uns Republikaner hierfür Alles thun, was an uns ist. Mögen wir auch noch

so sehr gereizt werden, laßt uns nichts mit Leidenschaft und übler
Laune thun. Selbst wenn die Männer des Südens auf uns in keiner Weise hören, laßt uns in Ruhe ihre Wünsche erwägen und —
sollte es in reiflicher Erwägung unserer Pflicht geschehen können —
womöglich erfüllen. Sehen wir zu, was, nach Allem, was sie sagen
und thun, und nach der Art und Weise ihres Streites mit uns, wir
zu ihrer Befriedigung zu thun im Stande wären.

Werden sie zufriedengestellt sein, wenn die Territorien ohne jedwede Bedingung ihnen überlassen werden? Wir wissen, dies würde
nicht der Fall sein. In all' ihren vorliegenden Klagen gegen uns
wird der Territorien keine Erwähnung gethan. Sie sind wüthend
über Einbrüche und Aufstände. Wird es sie zufriedenstellen, wenn
wir künftighin nichts mit Einbrüchen und Aufständen zu thun haben?
Wir wissen, das würde nicht der Fall sein. Wir wissen es, weil uns
gleichzeitig bewußt ist, daß wir niemals etwas mit dergl. wie Inva-
sionen und Insurrection zu thun gehabt haben und dennoch dies entschiedene Fernbleiben uns nicht die Beschuldigung und Anklage er-
sparen konnte.

Wohlan denn, um wieder auf die Frage zurückzukommen: wodurch
werden sie denn zufrieden gestellt sein? Einfach dadurch: wir müssen
sie nicht allein wirklich in Frieden lassen, sondern sie auch in irgend
einer Weise überzeugen, daß dies unsererseits geschieht. Aus Erfahrung wissen wir, wie eine solche Aufgabe keinesweges leicht ist
Wir haben es seit dem ersten Beginn unserer Organisation so man-
nigfach — aber stets ohne Erfolg — versucht. In all' unsern Plat-
forms und Reden brachten wir unausgesetzt unser Vorhaben zur
Sprache, sie in Frieden zu lassen, aber das hat nie die Wirkung gehabt, sie zu überzeugen. Währenddem wir uns die nutzlose Mühe
geben, sie zu überzeugen, steht doch die Thatsache fest, daß sie niemals
irgend Jemand aus unserer Mitte haben auffinden können, der in
ihre Verhältnisse störend hätte eingreifen wollen.

Alle diese natürlichen und angemessenen Mittel haben zu keinem
Ziele geführt; was wird denn dahin leiten? Dies und dieses allein:
Höre auf, Sklaverei ein U n r e c h t zu nennen und vereinige dich mit
ihnen, sie für r e c h t m ä ß i g zu halten. Und das mußt du durchaus und ganz und gar thun; du mußt es in T h a t e n sowol wie in
W o r t e n thun. Stillschweigen wird nicht erlaubt — wir müssen
uns laut als zu den ihrigen gehörig bekennen. Douglas' neues
Aufruhrgesetz muß beschlossen werden und zur Anwendung kommen;
danach werden alle Erklärungen — ob solche nun in der Politik, in
der Presse, auf der Kanzel oder im Privatleben gemacht werden —

über die Unrechtmäßigkeit der Sklaverei vollständig unterdrückt; da=
nach müssen wir ihre flüchtigen Sklaven mit lüsternem Vergnügen
einfangen und ausliefern. Wir müssen unsere Freie=Staaten=Con=
stitutionen niederwerfen. Die ganze Atmosphäre muß von jeglichem
Makel der Opposition gegen die Sklaverei gereinigt werden, bevor
sie den Glauben aufgeben, daß all' ihre Sorgen und Beschwerden
durch uns veranlaßt worden sind und werden.

Ich weiß sehr wohl, daß sie ihre Sache eben nicht genau auf diese
Weise darstellen. Viele unter ihnen werden uns wahrscheinlich sagen:
„laßt uns in Frieden, thut uns nichts und redet über Sklaverei, was
ihr wollt." Aber wir lassen sie ja in Frieden — haben sie nimmer
incommodirt — so daß am Ende doch das, was wir sprechen, der
Gegenstand ihrer Unzufriedenheit sein dürfte. Sie werden in ihren
Anschuldigungen unserer Handlungsweise erst dann aufhören, bis wir
uns dazu entschließen, nichts mehr zu reden.

So ist mir ebenfalls bekannt, daß sie bis jetzt nicht ausdrücklich in
Worten den Umsturz unserer Freien=Staaten=Verfassungen verlangt
haben. Doch zeigen diese Constitutionen die Sklaverei mit größerem
Nachdruck als ein Unrecht an, als es durch jedwede andere Opposi=
tionserklärung geschieht; wenn dann also diese andern Stimmen
nicht mehr laut werden dürfen, so wird man den Umsturz jener Ver=
fassungen erheischen, und es wird nichts vorhanden sein, diesem Ver=
langen Widerstand zu leisten. Auch nicht ein einziger Grund spricht
dagegen, daß sie nicht eben all' das in Anspruch nehmen wollen.
Nach ihrer Handlungsweise und den Motiven derselben können sie
nirgends vor Erreichung dieses Endzieles stille halten. Da sie wäh=
nen, daß Sklaverei eine moralische Berechtigung in sich trage und
diese Frage zur socialen gestaltet haben, so können sie in dem Ver=
langen nach voller, nationaler Anerkennung dessen, was sie als ein ge=
setzliches Recht und socialen Segen betrachten, nicht aufhören.

Wir dürfen jedoch andrerseits ebenso wenig einem andern Grunde
als der Ueberzeugung, daß Sklaverei Unrecht sei, Opposition leisten.
Wenn Sklaverei rechtlich begründet ist, so sind alle dagegen kämpfenden
Worte, Handlungen, Gesetze und Constitutionen an und für sich ein
Unrecht und sollten zum Schweigen gebracht und beseitigt werden.
Wenn sie im Rechte ist, können wir füglich nichts gegen ihre Natio=
nalisirung, ihre allgemeine Verbreitung einwenden; ist sie im Un=
recht, so dürfen die Demokraten auf ihrer Ausdehnung, ihrer Verall=
gemeinerung nicht bestehen. Hielten wir die Sklaverei für recht, so
könnten wir gar leicht Alles, was sie verlangen, bewilligen; Alles,
was wir wünschen, könnte ihrerseits zugestanden werden, wenn sie die

Sklaverei für unrecht hielten. So denn halten sie an der Recht=
mäßigkeit, wir aber an der Unrechtmäßigkeit fest: das ist der Kern
der Sache; von dem die ganze Controverse abhängt: Glaubt man
im Recht zu sein, wie sie es denken, so sind sie nicht für das Verlan=
gen nach aller Anerkennung dieser Rechtmäßigkeit zu tadeln; aber
können wir bei dem Dafürhalten, Sklaverei sei unrecht, uns ihnen
denn überliefern? Können wir unsere Stimmen mit ihren Ansichten
vereinigen und gegen unsere eigenen Grundsätze abgeben? Können
wir das unserer moralischen, socialen und politischen Verantwortlich=
keit gegenüber thun?

Für so unrechtmäßig nun wir die Sklaverei auch halten mögen,
so können wir es doch nicht von uns weisen, sie da — wo sie besteht
— in Frieden zu lassen; denn so viel sind wir den Zuständen Rech=
nung zu tragen verpflichtet, die sich nothwendigerweise aus dem Vor=
handensein der Sklaverei in unserer Nation ergeben haben; wir dür=
fen jedoch durch unsere Abstimmungen stets zu verhindern suchen, daß
eine Ausbreitung der Sklaverei über die Nationalterritorien und
eine Ueberschwemmung dieser Freien Staaten erfolge?

Wenn unsere Pflichtauffassung jenes verbietet, so laßt uns denn
bei d i e s e r Pflicht furchtlos und mit Nachdruck stehen bleiben. Laßt
uns von keinem jener sophistischen Kunstgriffe, womit wir so emsig
angegriffen und bearbeitet werden — Kunstgriffe, wie u. A. die Auf=
stellung eines zwischen Recht und Unrecht stehenden mittleren Prin=
zips, eitel gleich der Auffindung eines Menschen, der weder todt noch
lebendig sein darf, — wie ferner jene "don't care" Politik bei einer
Frage, der alle wahre Männer die äußerste Beachtung schenken —
wie jene beschwerenden Berufungen an das Volk, die alle wahren
Männer der Union zu Disunionisten stempelt, das göttliche Gesetz
umkehrt und nicht die Sünder, sondern die Gerechten zur Buße
drängt — wie jene Anrufungen Washingtons, wo Männer ange=
fleht werden, nicht zu sprechen, wie Washington redete, und nicht zu
handeln, wie er es that, — durch all' solche Mittel laßt uns von
dem rechten Wege nicht abbringen. Weder laßt uns durch falsche
gegen uns erhobene Anklagen, noch durch Drohungen einer Zertrüm=
merung der Regierung oder unserer eigenen Einkerkerung von dem
Wege der Pflicht ablenken. Laßt uns daran glauben, daß das Recht
die Grundlage wahrer Macht ist, und in diesem Glauben laßt uns
bis zu dem Ende unsere Pflicht, in dem Sinne, wie wir sie ver=
stehen, muthig erfüllen.

Wir wollen dies Capitel noch zur Mittheilung einiger anderen interessanter Actenstücke, die aus der Zeit vom Schluß der 1858er Campagne bis zur Chicagoer Nomination herrühren, benutzen. Namentlich für uns Deutsche dürfte der nachstehende Brief des Hrn. Lincoln von Wichtigkeit sein, den er an einen unserer Landsleute in Betreff der bekannten Massachusetter Naturalisationsacte richtet.

Springfield, 17. Mai 1859.

Herrn Dr. Theodor Canisius.

Geehrter Herr! — Ihr Schreiben, in welchem Sie mich in Ihrem eigenen Namen und im Interesse mehrerer anderer deutscher Bürger fragen, ob ich den Verfassungs-Vorbehalt billige oder demselben entgegen bin, welcher kürzlich in Bezug auf die naturalisirten Bürger in Massachusetts beschlossen worden, und ferner, ob ich eine Vereinigung der Republikaner mit den übrigen Oppositions-Elementen in der Campagne von 1860 gutheiße oder verwerfe, — habe ich erhalten.

Massachusetts ist ein souverainer und unabhängiger Staat, und ich habe kein Recht, ihm in seiner Politik einen guten Rath zu ertheilen. Wenn Jemand gerade aber wünscht, sich darüber zu vergewissern, was ich an Stelle der Massachusetts Regierung gethan hätte, so kann ich wohl, ohne eine Unschicklichkeit zu begehen, mich darüber auslassen. So erkläre ich mich denn dafür, daß, soweit ich jenen Vorbehalt verstehe, ich gegen seine Annahme, nicht allein in Illinois, sondern auf jedem andern Platze sein würde, wo ich das Recht zu opponiren habe. Wie ich den Geist unserer Institutionen auffasse, so ist er dazu bestimmt, die Menschen emporzuheben. Ich bin deshalb gegen Alles feindlich gestimmt, was irgendwie zu einer Schmälerung oder Erniedrigung sich hinneigt. Es ist zur Genüge bekannt, daß ich die unterdrückte Lage der Schwarzen tief beklage, und es würde demzufolge sehr inconsequent meinerseits sein, mit Beifall auf eine Maßregel zu blicken, durch welche die unveräußerlichen Rechte weißer Menschen, gleichviel, ob letztere in unserem oder einem andern Lande geboren ſind und unſere oder eine fremde Sprache reden, eingeſchränkt werden.

In Betreff einer Zuſammenſchmelzung ſpreche ich mich dafür aus, inſofern ſolche auf republikaniſchen Grundſätzen bewirkt werden kann; jedoch unter keiner andern Bedingung. Eine Fuſion auf irgend einer andern Platform würde ebenſo nachtheilig, wie unprinzipiell ſein. Der ganze Norden würde dadurch verlieren, während der gemeinſame Feind immer noch die Unterſtützung des geſammten Südens hätte. Die Frage in Bezug auf die Perſönlich= keiten iſt allerdings eine andere. Es gibt im Süden tüchtige und patriotiſche Charaktere und gewandte Staatsmänner, die ich gern unterſtützen würde, wenn ſie ſich ſelbſt auf republikaniſchen Boden ſtellten, ich werde mich aber der Erniedrigung der republikaniſchen Fahne, ſelbſt um nur eines Haares Breite, ſtets entgegen ſetzen.

Ich habe in Eile geſchrieben, ich glaube jedoch, Ihre Fragen im Weſentlichen beantwortet zu haben.

Hochachtungsvoll der Ihrige

Abraham Lincoln..

Eine gute Anecdote wird von Hrn. Lincoln in Betreff des Harpers Ferry Ereigniſſes erzählt — und beiläufig iſt dies eine von den tau= ſenden, welche man von ihm mittheilen könnte, denn er iſt ein ſeltener Geſchichtenerzähler. Als er von dem Ueberfalle vernahm, ſoll er be= merkt haben, es ſei ein höchſt verdrießlicher und beklagenswerther Vorfall; vorausſehend aber, welch' ein Capital die Demokratie dar= aus werde machen wollen, fügte er noch hinzu: „Ich glaube jedoch nicht, die Demokratie werde mit dieſer Harper'ſchen Fähre den Strom ihrer Schwierigkeiten überſchreiten können."

Ueber die perſönliche Erſcheinung Herrn Lincolns giebt uns einer ſeiner näheren Bekannten folgende Schilderung:

„In ſeinen perſönlichen Gewohnheiten iſt Lincoln ſo einfach wie ein Kind. Er liebt ein gutes Mittageſſen, reichliche und nährende Koſt, und ſpeiſ't mit gutem Appetit. Niemals trinkt er aber berauſchende Getränke irgend welcher Art, ſelbſt nicht ein Glas Wein.

Weder raucht, noch schnupft, noch kaut er Taback. Niemals wurde er im Leben einer ausschweifenden Handlung angeklagt. Er bediente sich niemals gemeiner Redensarten. Ein Freund erzählte, daß er einmal in höchster Wuth über einen von gewissen Parteien im Staate beabsichtigten Betrug ausgerufen habe: „„sie werden es nicht thun, v——t.““ . Ueber einen Ausdruck dieser Art hinaus ging er aber nie — selbst bei seinen bittersten Empfindungen nicht. Niemals spielt er; wir zweifeln, ob er je an einem Glücksspiele sich betheiligt habe. Er ist beim Eingehen pekuniärer Verpflichtungen, gleichviel zu welchem Zwecke, besonders vorsichtig, und in Betreff der Schulden nicht eher ruhig als bis sie berichtigt wurden. Wir glauben, daß er keinem Menschen auch nur einen Dollar schuldet. Er läßt sich auf keine Spekulationen ein. Die Wuth nach plötzlichem Erwerbe von Reichthümern hat ihn niemals ergriffen. Die Erträge seines Berufes waren sehr bescheiden, für seine Bedürfnisse aber genügend. Während Andere goldene Träume hegten, war er eifrig bemüht, sich Kenntnisse zu erwerben. In seinem ganzen Verkehr hat er den Ruf, genereus, aber auch exact, und vor Allem streng ehrlich zu sein. Das müßte ein frecher Mensch sein, der da sagen wollte, Abraham Lincoln hätte Jemand auch nur um einen Cent betrogen, oder jemals einen Dollar ausgegeben, der nicht ehrlich verdient worden war. Seine Kämpfe in früher Jugend haben ihn in Bezug auf's Geld vorsichtig gemacht. Er ist ein regelmäßiger Beiwohner der gottes-dienstlichen Versammlungen und hat — obgleich kein Kommunikant — einen Stand in der Presbyterianer-Kirche zu Springfield, zu welcher er gehört und die von ihm freigebig unterstützt wird. Er spricht stets gewissenhaft die Wahrheit — vielleicht in einem zu hohen Grade, namentlich jetzt in der Washingtoner Atmosphäre, in welcher er sich gegenwärtig aufhält. Seine Feinde mögen von ihm sagen, daß er schwarz-republikanische Lügen erzähle. Aber Niemand wird ihn in der Ausübung seines Berufs oder in dem bürgerlichen Ver-kehr mit seinen Nachbarn jemals des Vergehens zeihen, daß er von dem Gebote der heiligen Schrift abgewichen sei. Zu Hause lebt er wie ein Mann von bescheidenen Mitteln und einfachen Neigungen.

Ein ziemlich großes Holzhaus, einfach aber geschmackvoll eingerichtet, ist sein Eigenthum, und da lebt er in Frieden mit sich selbst, der Abgott seiner Familie, und seiner Bravheit, Geschicklichkeit und Vaterlandsliebe halber die Bewunderung seiner Landsleute."

So wenig wir uns auch mit den amerikanischen Lebensbeschreibern unsers Präsidentschaftskandidaten in der Anführung minutieusester Details, bezüglich der äußern Erscheinung, in Uebereinstimmung erklären, da solche eben nicht dazu beitragen können, ein wirklich charakteristisches Bild des gefeierten Mannes zu liefern, so giebt es doch andere scheinbar ebenfalls irrelevante Punkte, deren Kenntniß aber dazu beiträgt, das Gemälde des Mannes zu vervollständigen, von dessen äußerm Leben dieselben einen integrirenden Theil bilden. Es ist keineswegs bedeutungslos, zu erfahren, wie es in dem Interieur eines Hauses aussieht, wenn wir mit dessen Besitzer und Inhaber in irgend welche Verbindung treten wollen. Der Geist und Charakter eines Menschen zeigt sich am ersten in der Einrichtung seiner Wohnung, selbstverständlich vorausgesetzt, daß absolute Armuth ihren kategorischen Imperativ nicht ausschließlich geltend zu machen habe. Goethe's Haus war trotz seiner Einfachheit e r s e l b s t, und Jedermann würde beim Eintritt in die so einfach dekorirten Räume zu Weimar — wenn er es auch nicht gewußt, daß es Goethe's Haus gewesen — gar bald geahnt haben, daß von hier aus ein olympischer Geist seine das Weltall erleuchtenden Strahlen versendete; während die von Gold und modischem Fancy=Werk strotzende Bibliothek eines Dumas', des verstorbenen Eugen Sue und ähnlichen Gelichters — den Eintretenden sofort belehren müßte, daß hier kein tiefer Denker, sondern nur modische Phantasten ihren Thron aufgeschlagen haben. — Zurück jetzt aber zu unserm Lincoln, von dem wir in einem Berichte an die Evening Post Nachstehendes lesen:

„Einige von Hrn. Lincoln's politischen Gegnern haben ausgesprengt, er wäre ein Mann, der in der allergewöhnlichsten Weise sein Hauswesen eingerichtet habe, und ich dachte daher, daß ich mal selbst zusehen wolle. Demzufolge setzte ich mich — sobald die Arbeiten der Convention geschlossen waren — in den Eisenbahnwagen und fuhr nach Springfield. Ich fand Hrn. Lincoln's Wohnung als ein hübsches, wenn auch nicht pretentiöses, zweistöckiges Holzhaus, mit einem großen Flur in der Mitte und Sprechzimmern zu beiden Seiten, deren Mobiliar durchaus geschmackvoll, aber ohne alle Ostentation gehalten war. Es war eben nur ein solches Wohnhaus, wie es die Mehrheit der gut situirten Bewohner jener hübschen westlichen Städte besitzen. Alles was uns darin anschaut, athmet einen gewissen Comfort und Freiheitssinn. Die Bibliothek sah ich im Vorübergehen mir ganz besonders an, und ich war erfreut, lange Reihen von Büchern zu erblicken, die von dem geschulten Geschmacke und der Bildung der Familie Zeugniß ablegten."

„Lincoln empfing uns mit großer, und mich überraschender Liebenswürdigkeit. Ich hatte ihn vorher in New=York gesehen und von dort den Eindruck seiner unbeholfenen und nicht einnehmenden Erscheinung mitgebracht; in seinem eigenen Hause aber, wo er sich zweifellos freier als in den fremden Zirkeln von New=York fühlte, hatte er das abgeworfen und zeigte sich ungezwungen, ja selbst mit einem anmuthigen Wesen. Er ist, wie Sie wissen, ein großer, schmächtiger Mann mit langem Halse, und seine Bewegungen erscheinen ungewöhnlich eckig. Sobald aber sein Interesse in der Unterhaltung angeregt wird, leuchten seine Gesichtszüge auf und seine Haltung und Bewegung nehmen eine gewisse Würde und Ausdruck an. Sein Gespräch ist fließend, angenehm und höflich. Sie sehen daraus mit einem Schlage, daß er ein Mann von entschiedenem und ursprünglichem Charakter ist. Seine Ansichten gehören ihm alle selbst an, so wie er sie sich durch ein geduldiges und vielfaches Prüfen sein Leben lang herangebildet hat, und nicht, wie man sie vielleicht von Andern entnimmt. Doch kann man ihn nicht hartnäckig nennen. Er hört Jedermann mit gespannter Aufmerksamkeit zu und seine Antworten zeigen gleichmäßig von Bescheidenheit, wie von Selbstvertrauen. Ich sollte meinen, daß gesunder Menschenverstand als die Haupteigenschaft seines Geistes zu bezeichnen sei, obgleich zu Zeiten ein frappanter Satz oder ein schlagendes Wort eine besondere Ader tiefen Nachdenkens aufdeckt. Er weiß gut zu erzählen, mit einem stark pronuncirten Dialekt, und scheint in sich, wie in Andern, Humor zu erwecken. Unsere Unterhaltung drehte sich hauptsächlich — wenn auch nur im Allgemeinen — um Politik. Etwas bemerkte Hr. Lincoln darin, was ich zu wiederholen mir erlauben will. Er sagte, „daß er in der bevorstehenden Präsidentschaftscampagne ohne alle Beziehungen zu irgend welcher geheimen Verabredung oder Cliquen stände und auch beabsichtige, davon wie überhaupt von allen Verpflichtungen und Zusagen sich frei zu halten.“

Aus dieser letzten Aeußerung — die wir bei dem sonstigen Charakter Lincolns als eine wahre ansehen dürfen — geht hervor, wie wenig Lincoln darauf gerechnet hatte, durch das Vertrauen einer großen Majorität des Landes die Aufforderung zu erhalten, allerdings eine große Ehre, aber auch eine eben so große Verantwortlichkeit zu übernehmen.

Sechster Abschnitt.

Die National-Convention zu Chicago. — Lincoln's Nomination.

Am 16. Mai d. J. trat die republikanische National-Convention zu Chicago in einem großen, eigens zu dem Zweck errichteten Gebäude, der „Wigwam“ genannt, zusammen.

Die Thüren wurden um elf Uhr geöffnet. Doch lange vorher schon hatten sich viele Tausende mehr vor dem Hause versammelt, als überhaupt erwarten konnten, Zulaß zu erhalten, so groß war das Interesse, welches man allseitig an der Versammlung nahm.

Um zwölf Uhr fand die Eröffnung der Convention durch Gouverneur Morgan von New-York, den Vorsitzenden des Nationalcomite's, statt. Er ernannte David Wilmot von Pennsylvanien zum zeitlichen Präsidenten. Aus des Letztern Ansprache heben wir nachstehenden Passus hervor:

„Das Interesse einer großen Partei hat Jahre lang mit mächtiger Hand die Angelegenheiten unsers Vaterlandes beherrscht. Mit außerordentlicher Energie hat man die Ausdehnung und Naturalisation der Sklaverei angestrebt. Die Aufgabe der republikanischen Partei ist es, solcher Politik einen Damm entgegenzustellen und die Regierung unsers Landes in der Weise wiederherzustellen, wie sie von den Vätern der Revolution prinzipiell aufgefaßt wurde; es ist ihre Pflicht, das Dogma zu vernichten, Sklaverei fände in der Constitution ihren gesetzlichen Schutz; es ist ihre Schuldigkeit, die Verfassungs-Urkunde so aufzufassen, wie unsere Väter sie verstanden haben. Die Constitution ward nicht beschlossen, um Sklaverei in den Landesgrenzen ferner bestehen zu lassen. Die Väter lebten und starben in der Ueberzeugung, daß die Sklaverei ein Makel sei, der baldigst vertilgt werden würde. Hätten sie dafür erachtet, daß durch die Revolution ein großes Sklavenreich gegründet worden, so würde auch nicht ein Einziger unter ihnen für eine solche Sache das Schwert gezogen haben. Der Kampf wurde ausgefochten, um die Freiheit herzustellen. Sklaverei ist die Tendenz einer Partei, — Freiheit die Aufgabe der Nation."

Dann erinnert der Redner an die Schmähungen und Anmaßungen der demokratischen Partei. Sobald der Süden die Gewalt bekommt, werden sich diese Beschimpfungen nicht allein auf seine Grenzen beschränken. Die Republikaner müßten daher die Regierung in die Hände nehmen und sie in dem Geiste Washingtons, Jeffersons und Jacksons — selbst herab bis van Buren und Polk — d. h. in einer Weise führen, wie sie in der Zeit maßgebend, wo das moderne Dogma der demokratischen Politik noch nicht einverleibt war.

Am Donnerstag Morgen trat die Convention auf's Neue zusammen, stellte die Platform auf, und beschloß, daß die Nomination der Candidaten nach Majorität erfolgen solle.

Nachstehendes ist die Platform der republikanischen Partei:

„Beschlossen, daß wir, die abgeordneten Repräsentanten der republikanischen Wähler in den Vereinigten Staaten, welche sich hier zu einer Convention versammelt haben, in Erfüllung der unsern

Vollmachtgebern und unserm Vaterlande schuldigen Pflicht zu folgen=
den Erklärungen uns vereinigen:

Erstens: daß die natürliche Geschichte während der letzten vier
Jahre das Zweckmäßige und Nothwendige der Gründung und Er=
haltung einer republikanischen Partei vollauf nachgewiesen hat, und
daß die Ursachen, welche dieselbe in's Leben riefen, ihrem Wesen nach
permanent sind, und gegenwärtig mehr denn je einen friedlichen und
verfassungsmäßigen Sieg erheischen.

Zweitens: daß die Aufrechthaltung der in der Unabhängig=
keits=Erklärung verkündeten und durch die Bundesverfassung ver=
körperten Prinzipien zur Bewahrung unserer republikanischen Insti=
tutionen wesentlich erforderlich ist; daß die Bundesverfassung, die
Rechte der einzelnen Staaten und die Vereinigung der Staaten ge=
wahrt werden muß und wird; und daß wir „„diese Wahrheiten
als selbstverständlich"" wieder behaupten, „„wonach alle Menschen
gleichgeboren, durch ihren Schöpfer mit gewissen unveräußerlichen
Rechten, zu denen Leben, Freiheit und die Verfolgung des Glücks
gehören, ausgestattet sind."" Daß zur Sicherstellung dieser Rechte
unter den Menschen die Regierungen bestehen, die ihren Rechtstitel
aber nur von der Einwilligung der Regierten erhalten.

Drittens: daß nur der Vereinigung aller Staaten die Na=
tion ihre beispiellose Zunahme an Bevölkerung, ihre erstaunliche
Entwickelung materieller Hilfsquellen, ihre reißende Vermehrung des
Wohlstandes, ihr Glück im Innern und ihre Ehre nach Außen hin
zu verdanken hat; und daß wir alle Trennungspläne, gleichviel aus
welcher Quelle sie entstehen mögen, verabscheuen; daß wir dem Va=
terlande Glück wünschen, daß kein republikanisches Mitglied des
Congresses eine Drohung der Spaltung ausgestoßen oder unter=
stützt habe, wie dies so oft von demokratischen Congreßmitgliedern
ohne Tadel, ja mit lautem Beifall Seitens ihrer Parteigenossen
geschehen ist. Daß wir solche Drohungen der Trennung, dafern sie
gegen die Volks=Majorität sind, als im Widerstreite mit den Lebens=
prinzipien einer freien Regierung und als ein Geständniß beabsich=
tigten Verraths, den die gebieterische Pflicht eines zürnenden Volkes

auf das Schärfste verdammen und für immer unterdrücken muß, anklagen.

Viertens: daß die unverletzte Aufrechthaltung der Berechtigungen der einzelnen Staaten und insbesondere das Recht jedes Staates, seine eigenen innern Einrichtungen ausschließlich nach eigenem Gutbefinden zu ordnen und zu controliren, wesentlich zur Abwägung der Gewalten ist, von welcher die Vollkommenheit und Dauer unseres politischen Vertrauens abhängt, warum wir denn auch die gesetzlose Invasion je welchen Staates oder Territoriums, gleichviel unter welchem Vorwande, durch die bewaffnete Macht, als eins der schwersten Verbrechen anklagen.

Fünftens: daß die gegenwärtige demokratische Verwaltung weitaus unsere schlimmsten Befürchtungen durch die maßlose Willfährigkeit gegen die Forderungen eines parteilichen Interesses übertroffen hat, wie dies insbesondere aus ihrer eifrigen Anstrengung zur Durchbringung der verrufenen Lecompton Constitution, unerachtet des Protestes der Bevölkerung von Kansas, sowie ferner aus der Auslegung der persönlichen Beziehungen zwischen Herr und Diener hervorgeht, durch welche Auffassung das Eigenthum an der Person so recht ungemildert hingestellt wird, — wie sich dies weiter durch die Gewaltthätigkeiten aller Orten, zu Land und See, kundgibt; durch das Auftreten ferner des Congresses und der Bundesgerichtshöfe mit den anmaßendsten Ansprüchen in rein lokalen Angelegenheiten und durch den allgemeinen und unausgesetzten Mißbrauch der ihr von einem vertrauensvollen Volke geschenkten Macht.

Sechstens: daß das Volk mit unruhiger Besorgniß die unbekümmerte Verschwendung ansieht, die nach allen Richtungen bei jedem Departement der Bundesregierung Platz greift; daß eine Umkehr zu strenger Oekonomie und Verantwortlichkeit unerläßlich ist, um einem System der Plünderung des öffentlichen Schatzes durch begünstigte Parteigänger Einhalt zu thun, wobei die kürzlich erst erfolgten Enthüllungen des Unterschleifs und der Corruption in der Bundeshauptstadt zeigen, daß ein gänzlicher Wechsel der Verwaltung auf das Gebieterischste zu fordern ist.

5

Siebentens: daß der neue Glaubenssatz, die Constitution führe aus eigener Machtvollkommenheit die Sklaverei in irgend welche oder alle Territorien der Vereinigten Staaten ein, eine gefährliche politische Ketzerei in sich schließt, und ganz abweichend von den ausdrücklichen Vorbehalten im Verfassungs=Dokumente selbst, den gleichzeitigen Erklärungen, sowie den legislativen und richterlichen Präcedentien ist, und mithin revolutionär seiner Tendenz nach und den Frieden und die Eintracht des Landes untergrabend sind.

Achtens: daß das normale Verhältniß aller Vereinigten Staaten Territorien das der Freiheit sei; daß, wie unsere republikanischen Väter, als sie die Sklaverei in all' unsern Nationalterritorien unterdrückten, sich dahin erklärten, daß Niemand seines Lebens, der Freiheit oder des Besitzthums ohne gesetzlichen Prozeß beraubt werden solle, so unsere Pflicht es wird, durch die Gesetzgebung — wenn sich irgendwie das Erforderniß herausstellt — jenen Vorbehalt der Constitution, allen Versuchen, ihn zu verletzen, gegenüber aufrecht zu erhalten, und wir die Machtvollkommenheit des Congresses, einer Territorial=Legislatur oder irgend einer Person bestreiten, die Sklaverei in je welches Territorium der Vereinigten Staaten einzuführen.

Neuntens: daß wir die kürzliche unter dem Schutz unserer nationalen Flagge, mit Hilfe der Verderbniß richterlicher Gewalt, erfolgte Eröffnung des Afrikanischen Sklavenhandels als ein Verbrechen gegen die Menschheit, als eine glühende Schande unsers Vaterlandes und Zeitalters brandmarken, und wir den Congreß anrufen, schleunige und erfolgreiche Maßregeln zur gänzlichen und endlichen Unterdrückung dieses verfluchten Handels zu treffen.

Zehntens: daß wir in den neulichen Veto's der Bundesgouverneure, bezüglich der Legislaturakte von Kansas und Nebraska, durch welche die Sklaverei in jenen Territorien verboten wird, eine praktische Darlegung jener großsprecherischen demokratischen Grundsätze der Nichtintervention und Volks=Souverainität, wie solche in der Kansas= und Nebraska=Bill verkörpert sein sollen, und die An=

Klage auf eine in Letzterer enthaltenen Täuschung und Schwindelei erblicken.

Eilftens: daß Kansas aus vollem Rechte sofort als ein Staat, und zwar mit der kürzlich von dem Volke berathenen und angenommenen, sowie von dem Hause der Repräsentanten genehmigten Verfassung aufzunehmen ist.

Zwölftens: daß, indem man sich eine Einnahme zum Unterhalt der allgemeinen Regierung durch Erhebung von Waarenzöllen geschaffen hat, eine gesunde Politik die Feststellung dieser Abgaben in solcher Höhe erfordert, daß im ganzen Lande die Entwickelung des Interesses für industrielle Unternehmungen immer mehr ermuthigt werde, warum wir jene Handelspolitik anempfehlen, durch welche den arbeitenden Classen reichliche Löhne, den Ackerbautreibenden günstige Preise, den Handwerkern und Fabrikanten ein entsprechendes Entgelt für ihre Geschicklichkeit, ihren Fleiß und ihren Unternehmungsgeist, sowie dem ganzen Volke das Wachsthum und die Unabhängigkeit des Handels sicher gestellt werde.

Dreizehntens: daß wir gegen jeden Verkauf oder Veräußerung öffentlicher Ländereien an Andere als deren wirkliche Inhaber sind, da ein solcher in jeder Hinsicht der freien Heimstätte-Politik widerspricht, welche die Ansiedler als Arme oder Almosennachsucher, die auf die öffentliche Wohlthätigkeit angewiesen sind, betrachtet, und wonach wir die Annahme der vollständigen und befriedigenden Heimstättebill, welche bereits das Haus der Repräsentanten passirt hat, Seitens des ganzen Congresses verlangen.

Vierzehntens: daß die republikanische Partei in Betreff unserer Naturalisationsgesetze oder solcher legislativen Bestimmungen der einzelnen Staaten, durch welche den Einwanderern aus fremden Ländern Bürgerrechte zugestanden werden, sich gegen jegliche Verkürzung oder Beeinträchtigung dieser Rechte erkläre, und sich für einen vollen und wirksamen Schutz der Berechtigung aller Bürgerklassen, gleichviel ob eingeboren oder naturalisirt, ob im Lande oder auswärts, ausspreche.

Fünfzehntens: daß Bestimmungen Seitens des Congresses

über Fluß- und Hafen-Verbesserungen, die einen nationalen Charakter tragen und zur Unterstützung und Sicherung eines bestehenden
Handels erfordert werden, durch die Constitution genehmigt sind
und in der Verpflichtung der Regierung zum Schutz des Lebens und
Eigenthums der Bürger ihre Rechtfertigung finden.

Sechszehntens: daß eine Eisenbahn nach dem Stillen
Meere durch die Interessen des ganzen Landes gebieterisch verlangt
wird; daß die Bundesregierung unmittelbare und wirksame Hilfe
bei ihrem Bau leisten sollte, und daß als vorläufige Maßregel eine
tägliche Ueberlandpost alsbald herzurichten ist.

Siebenzehntens: Schließlich fordern wir, nachdem unsere
wesentlichen Grundsätze wie vorstehend dargelegt worden, alle Bürger zur Mitwirknug auf, welche in der Sache selbst mit uns einig
und zu deren Unterstützung bereit sind, gleichviel ob sie in andern
Punkten mit uns differiren."

Unter dem rauschendsten Beifall der versammelten Menge wurde
die vorstehende Platform angenommen; mindestens zehntausend
Stimmen vereinigten sich zur Bestätigung von Grundsätzen, welche
als fortab leitende Prinzipien dem ganzen Lande gegenüber aufgestellt wurden.

Am Freitag Morgen erfolgte die Abstimmung über einen Candidaten zur Präsidentur der Vereinigten Staaten.

Wm. M. Evarts von New-York nominirte zum Candidaten:
Wm. H. Seward.

Die Nomination Judd's von Illinois brachte Abraham Lincoln in
Vorschlag.

Dudley von New-Jersey stellte den Namen von Wm. L. Dayton
auf.

Governor Reeder von Pennsylvanien schlug Simon Cameron
vor, Carter von Ohio dagegen Salmon P. Chase.

Smith von Maryland unterstützte im Namen des Staates von
Indiana die Nomination Abraham Lincoln's.

Francis P. Blair von Missouri ernannte Edward Bates.

Blair von Michigan erklärte sich beauftragt, für die Nomination Wm. H. Seward's zu stimmen.

Tom Corwin von Ohio votirte für John McLean.

Carl Schurz von Wisconsin theilte mit, daß er im Auftrage seines Staates sich für die Wahl Wm. H. Seward's zu erklären habe. Ebenso die Herren North von Minnesota und Wilson von Kansas; Hr. Delano von Ohio für Abraham Lincoln; ein Delegat von Jowa für denselben.

Bei der ersten Abstimmung empfing Seward 173½ Stimmen, Lincoln 102 und Bates 48. Der Rest war zwischen den Herren Cameron, Chase, McLean, Wade ꝛc. getheilt. Die für Hrn. Lincoln votirenden Staaten waren Illinois, Indiana, und, theilweise, Maine, New Hampshire, Massachusetts, Connecticut, Pennsylvania, Virginia, Kentucky, Ohio und Jowa.

Beim zweiten Ballot waren

Für Hrn. Lincoln

New-Hampshire	9	Delaware	6
Vermont	10	Kentucky	9
Rhode Island	3	Ohio	14
Pennsylvania	48	Jowa	5

Die ganze Stimmenzahl für Lincoln betrug 181.

Für Hrn. Seward

Massachusetts	22	Kentucky	7
New-Jersey	4	Texas	6
Pennsylvania	2½	Nebraska	3

Die ganze Stimmenzahl für Hrn. Seward betrug 184½.

Bates	35	Cameron	2
McLean	8	Dayton	10
Chase	42½	C. M. Clay	2

Bei der dritten Abstimmung endlich gaben Hrn. Lincoln

Massachusetts	8	Maryland	9
Rhode Island	5	Kentucky	13
New-Jersey	8	Ohio	29
Pennsylvania	52	Oregon	14

Das gab für Hrn. Lincoln 230½ Stimmen oder etwa 1½ einer Nomination.

Hr. Andrew von Massachusetts erhob sich und veränderte das Votum seines Staates indem er 4 Stimmen auf Hrn. Lincoln übertrug. Eben so wandte Hr. McCrillis von Maine demselben Candidaten 16 Stimmen seines Staates zu. Hr. Andrew von Massachusetts sprach sich ferner dahin aus, daß er 18 Stimmen an Hrn. Lincoln und 8 an Hrn. Seward zu geben habe. Hr. Brown von Missouri wünschte die 18 Stimmen seines Staates ebenfalls auf A. Lincoln zu übertragen. Jowa, Connecticut, Kentucky und Minnesota veränderten ebenso ihre Abstimmung. Das Resultat des dritten Ballot's wurde verkündet; es war:

Ganze Stimmenzahl 466

Zur Wahl erforderlich 234

Hr. A. Lincoln hatte 354 Stimmen bekommen und wurde demzufolge als nominirt verkündet.

Die Staaten, welche noch für Seward votirten, waren

Massachusetts 8

New=York 70

New=Jersy 5

Pennsylvania .... ½

Maryland 2

Michigan 12

Wisconsin 10

Californien 3

Total. 110½

Hr. Dayton erhielt eine Stimme von New=Jersey und Hr. McClean ½ von Pennsylvania.

Als sich die Aufregung über dies Ergebniß ein klein wenig gelegt hatte, trat Hr. Wm. M. Evarts vor den Secretairstisch und sprach Folgendes:

„Hr. Vorsitzender und meine Hrrn. Mitglieder der Nationalconvention: der Staat New=York kam durch eine vollständige Delega=

tion, deren Mitglieder durchaus einig in ihren Absichten zu Hause waren, hierher zur Convention und lenkte seine Wahl auf einen seiner Mitbürger, der ihm seit seiner Knabenzeit gedient, für ihn gearbeitet und ihn lieb gewonnen hatte. Wir kamen hierher als ein großer Staat, mit, wie wir dachten, einem großen Staatsmanne und unserer Liebe zur Republik, deren Abgeordnete wir Alle sind. Die große Republik der amerikanischen Union, sowie unsere Liebe für unsern Staatsmann und Candidaten, ließ uns glauben, daß wir unsere Pflicht gegen den Staat und gegen das gesammte Vaterland erfüllten, indem wir ihm den Vorzug gaben und unsere Zuneigung ausdrückten. Denn, meine Herren, vom Gouverneur Seward lern= ten die meisten von uns erst republikanische Grundsätze und die repub= likanische Partei lieben. Seine treue Gesinnung für das Land, die Constitution und die Gesetze, — seine Treue für die Partei und den Grundsatz, daß die Majoritäten herrschen, — sein Interesse für das Empordringen unserer Partei zum Siege, sowie dafür, daß unser Land zu seinem wahren Ruhme gelangen möge, läßt mich jedoch zu= versichtlich die Erklärung aussprechen, daß ich seinen Empfindungen ebenso Ausdruck verleihe, wie ich die gesammte Meinung unserer Delegation hiermit ausspreche, wenn ich beantrage Sir! die No= mination A. Lincoln's von Illinois als des repub= likanischen Candidaten für die Wahl des ganzen Landes, zur Stellung des ersten Beamten der ame= rikanischen Union, einstimmig zu beschließen." (Beifall und drei Hochs für New=York).

Das lebensgroße Bildniß A. Lincoln's wurde unter erneuerten Lebehochs auf der Tribüne aufgestellt.

Hr. Andrew von Massachusetts unterstützte Seitens der vereinigten Delegation jenes Staates, den Antrag des Herrn von New=York, daß die Nomination einstimmig gemacht werden möge.

Zur Unterstützung des Nominirten wurden auch von Karl Schurz, F. P. Blair von Missouri und Browning von Illinois ebenfalls beredte Worte gesprochen, die alle den Geist des Vertrauens und der Freude athmeten.

Zum Schlusse wurden drei herzliche Lebehochs New-York gebracht und die **Nomination Lincoln's fand einstimmig statt.**

Mit lauten Lebehochs auf Lincoln vertagte sich die Versammlung bis fünf Uhr.

Bei der ersten Abstimmung während der Abendsitzung erhielt Hr. Hamlin von Maine 194 Stimmen als Vicepräsident und wurde unter Beifallsrufen nominirt.

Das von der Nationalconvention nominirte Comite zur officiellen Benachrichtigung des Hrn. Lincoln von seiner Nomination, schritt sofort zur Ausführung dieser Aufgabe. Dasselbe bestand aus dem Präsidenten der Convention Hrn. Geo. Ashmun von Massachusetts und den Vorsitzenden der verschiedenen Staatsdelegationen, darunter Namen, wie Francis P. Blair von Missouri, Gouverneur Morgan von New-York und Gouverneur Boutwell von Massachusetts, ferner Hr. Evarts von New-York, Seward's Freund, Richter Kelly von Pennsylvania, Hr. Simmons von Rhode-Island und mehrere andere der ausgezeichnetsten Männer der Vereinigten Staaten. Sie trafen am Freitag Abend sieben Uhr in Springfield ein und begaben sich alsbald zu Hrn. Lincoln's Wohnung, wo der Gefeierte seinen officiellen Besuch in dem Sprachzimmer seines Hauses empfing. Hr. Ashmun redete Hrn. Lincoln folgendermaßen an:

„Ich habe, Sir, die Ehre mit den hier anwesenden Herren, die von der kürzlich zu Chicago versammelt gewesenen Convention comitirt worden sind, mich einer überaus angenehmen Pflicht zu entledigen. Wir sind, Sir, mit dem Auftrage hierher gekommen, Ihnen zu verkündigen, daß die Nomination der Republikaner zu Chicago, Sie als Präsidenten der Vereinigten Staaten nominirt hat. Man hatte uns beauftragt, Sie von dieser Wahl in Kenntniß zu setzen: dem Comite erschien es deshalb nicht allein als ein Beweis der Hochachtung gegen Sie, sondern auch des wichtigen Gegenstandes, der in unsern Händen ruht, angemessen, daß wir in Person erscheinen und Ihnen ein authentisches Zeugniß des Beschlusses der Convention darbrachten, und so wünsche ich, Sir, ohne jede weitere Bemerkung, die irgendwie ein persönliches Lob für Sie in sich schließen sollte, oder in Beziehung zu den Prinzipien stände, welche mit der Frage Ihrer Ernennung eng verbunden sind, Ihnen das Schreiben, worin Sie von der Nomination in Kenntniß gesetzt werden und welchem die Platform, die Beschlüsse und Ausdrücke der Ergebenheit beigefügt sind, wie sie die Convention adoptirte, zu überreichen. Sir, zu einer Zeit wo es Ihnen genehm ist, werden wir mit Vergnügen einer jeden Antwort entgegen sehen, wie Sie solche uns gütigst ertheilen wollen."

Hr. Lincoln vernahm die Anrede in feierlicher und ernster Haltung und betrachtete Hrn. Ashmun mit der tiefsten Aufmerksamkeit. Beim Schluß der Anrede dieses Herrn erwiederte er nach einer eindringlichen Pause mit klarer, wenn auch beklemmter Stimme und jenem sichern Ausdruck, der seinen Vortrag stets bezeichnet, sowie mit einer, des Mannes und der Gelegenheit gleich würdigen Aufrichtigkeit:

„Herr Vorsitzender und meine Herren Mitglieder der Convention: ich bringe Ihnen, und durch Sie der republikanischen Nationalconvention, sowie dem ganzen durch dieselbe repräsentirten Volke, meinen innigsten Dank für die hohe mir erwiesene Ehre dar, welche Sie mir in diesem Augenblicke officiell verkünden Tief und selbst peinlich von der großen Verantwortlichkeit berührt, die von jener hohen Ehre unzertrennlich ist — einer Verantwortlichkeit, die ich fast lieber auf einem der bei weitem ausgezeichneteren und erfahrenern Staatsmänner, deren hervorragende Namen der Convention unterbreitet waren, gesehen hätte, werde ich, mit Ihrer Erlaubniß die Resolutionen der Convention, wie solche unter dem Namen der Platform zusammengefaßt sind, näher prüfen und ohne unnöthigen oder unverantwortlichen Verzug Ihnen, Herr Vorsitzender, brieflich Nachricht geben, wobei ich jedoch nicht zweifele, daß mir die Platform zufriedenstellend sein und ich die Nomination dankbarlichst annehmen werde."

„Und nun will ich mir nicht länger das Vergnügen versagen, Ihre und Ihrer Aller Hand zu ergreifen."

——— Wir eilen zum Schlusse und übergehen darum die Scene des Austausches freundschaftlicher Gefühle zwischen den hervorragenden Männern, welche sich in Lincolns Haus versammelt hatten. Nur eins können wir uns nicht versagen, mitzutheilen, die Art und Weise, wie Hr. Lincoln schon vor Empfang der officiellen Nachricht die Privatmittheilung von seiner Nomination aufnahm. Hr. Wilson, Telegraphen-Vorsteher zu Springfield, erhielt das Resultat des dritten Chicagoer Ballots und der gleich darauf erfolgten einstimmigen Nomination Lincolns. Er theilte die Nachricht Hrn. Lincoln durch ein Paar Worte mit, die er auf einen Zettel schrieb der Hrn. Lincoln, welcher sich eben in dem Redactionsbüreau des State Journal befand, sofort nachgeschickt wurde. Hr. Lincoln nahm den Zettel zur Hand, blickte lange und stillschweigend darauf hin und ohne den überlauten, enthusiastischen Triumph der ihn Umstehenden zu beachten, erhob er sich, steckte die Notiz in seine Westentasche und bemerkte mit äußerster Ruhe, gleichsam zu sich selbst sprechend: ‚There's a little woman down at our house would like to hear this. I'll go down and tell her."

Haben wir einen Commentar zu geben nöthig? Wenn ein Mann, der bei der höchsten ihm je zu erweisenden Ehrenbezeugung seines Lebens zuerst an die Gefährtin seiner Tage, an sein treues, geliebtes Weib denkt, der muß ein braver, ein redlicher Mann sein. Und wenn ein solcher Mann außerdem gezeigt hat, daß ihm die Eigenschaften nichts weniger als fremd sind, die ein Volk von vielen Millionen bei seinem ersten Beamten beansprucht, so ist Alles erreicht, was wir nur wünschen können. Ein braver, ein Ehrenmann — das ist's was uns jetzt in erster Stelle noththut; ein fester, ein tüchtiger Charakter — und wer könnte es wol in einem höhern Maße sein als **Abraham Lincoln**, der wahre Sohn des Volkes!